大学生のための
アカデミック英文ライティング
―― 検定試験対策から英文論文執筆まで

中谷 安男 著
コンラド・ビューシス 英文校閲

大修館書店

本書の特徴

──────────── 3つのステップ ────────────

ステップ1　パラグラフ・ライティング　⇒ 1〜8章
目　標　読者にわかりやすい英文ライティングの基礎を身に付ける
　　　　・文章に流れを作り、文頭を使い読者をうまく誘導する
　　　　・読者と交渉するストラテジー

ステップ2　短いエッセイのまとめ方　⇒ 9〜10章
目　標　TOEFLやIELTSのライティング・タスクのエッセイが書ける
　　　　・パラグラフを効果的に組み合わせる
　　　　・イントロダクション，ボディ，結論の各パラグラフの書き方
　　　　・TOEFLやIELTSに必須の語彙や表現方法を学ぶ

ステップ3　学術論文の書き方　⇒ 11〜22章
目　標　卒業論文から海外の学術論文掲載までの書き方を身に付ける
　　　　・学術論文編集者，査読者を説得するストラテジーの習得
　　　　・要旨，イントロダクション，メソッド，結果，考察と結論の執筆

──────────── 4つのポイント ────────────

1. エッセイや学術論文を収集したコーパスデータに基づく，必須の効果的な語彙や表現を活用。資格試験、研究論文に活用できる多数の例文。
2. 多くの事例と練習問題を使う英文ライティングの効果的トレーニング。すぐに活用できる論文作成のための具体的なテンプレートを掲載。
3. アカデミック・ライティングの理論を，コーパス分析に基づき科学的に確認した結果に基づく、わかりやすい解説。
4. 豊富な国際的学術雑誌の査読者経験を持つ著者が，評価をする立場から，論文が掲載されるポイントを詳しく説明。

はじめに

　大学では，英語で文章を書く目的がとても明確です。留学するための，TOEFLやIELTSなど試験では英語のエッセイ（essay）を書きます。また，英語で開講されている授業では，レポートやエッセイを英文で提出します。卒業論文や修士、博士論文も英語で書くこともあります。さらに高い目標として，国際的学術雑誌で掲載される研究論文の執筆があります。

　これらには共通の書き方があり，これをアカデミック・ライティングといいます。自分の考えや主張について，客観的に書き，読者にその内容の正当性を伝える英文ライティングの技法です。これが身に付けば，資格試験で高得点が取れ，大学の成績もよくなり，国際的な研究論文も書けます。

　その基本は，「読者にわかりやすく書く」ということです。英語では，書き手と，読み手の間に共有すべきいくつかのルールがあります。特に大切なのは、パラグラフの中でうまく情報を配置し，文に流れを作ることです。また、文頭の位置に読者の注意を引く情報を置き，内容がわかりやすく伝わるように書きます。これらはディスコース・ストラテジーと呼ばれます。

　このような、読者をうまく誘導し、理解の促進を助ける書き方の重要さは、国際的な学術雑誌の編集者への調査でも明らかになっています。私も長年、国際論文の審査員や，英語圏の大学の博士号の審査官をしていて，常に読者中心の書き方の重要さを実感しています。

　本書は、のべ478本の英文エッセイと，202本の学術論文の合計約158万語のコーパスデータを活用し，コンピュータで分析し，語彙や文法の使用を確認しました。教育者や査読者としての経験値だけでなく，信頼性のあるデータに基づいた例文を集めていますのでぜひ活用してください。

中谷安男

目　次

第1部　エッセイ・ライティング：英語レポートから TOEFL 等資格試験に向けて ……… 3

- 1章　アカデミック・ライティングとは ……………………………… 4
- 2章　英文に流れを作るストラテジー ………………………………… 15
- 3章　意図的に情報の配置を変えるストラテジー …………………… 23
- 4章　ディスコースを結束させるストラテジー ……………………… 33
- 5章　メタディスコースで読者を誘導 ………………………………… 43
- 6章　文頭のメタディスコースの活用法 ……………………………… 52
- 7章　時制で示す書き手のスタンス …………………………………… 61
- 8章　緩衝的表現のヘッジと断定表現のブースター ………………… 72
- 9章　パラグラフのまとめ方 …………………………………………… 82
- 10章　パラグラフとエッセイの基本ムーヴ …………………………… 92

第2部　英語学術論文の書き方：国際論文採択に向けて ……… 103

- 11章　卒業論文から国際ジャーナル論文掲載までの書き方 ……… 104
- 12章　ジャーナル採択の基準と学術論文の構成 …………………… 112
- 13章　イントロダクションの書き方・1 …………………………… 120
- 14章　イントロダクションの書き方・2 …………………………… 131
- 15章　イントロダクションの書き方・3 …………………………… 141
- 16章　研究メソッドの確立 …………………………………………… 151
- 17章　メソッドの書き方・1：社会科学・人文科学分野 ………… 158
- 18章　メソッドの書き方・2：自然科学分野とまとめ …………… 166
- 19章　結果（リザルト）の書き方 …………………………………… 173
- 20章　ディスカッションの書き方・1 ……………………………… 184
- 21章　ディスカッションの書き方・2 ……………………………… 194
- 22章　アブストラクトの書き方 ……………………………………… 203

参考文献　214　　　　　索引　218

大学生のための
アカデミック英文ライティング
――検定試験対策から英文論文執筆まで

第1部
エッセイ・ライティング

―― 英語レポートからTOEFL等資格試験に向けて

1章 アカデミック・ライティングとは

この章で学ぶこと
- 読者中心の書き方
- 客観性を持たせる書き方
- コーパス分析を使うメリット

　この章では，アカデミック・ライティングの特徴を述べ，英文を書く際に気をつける点の概要を説明します。実際にライティングを始める前に覚えておくべき事項と重要語句を紹介します。概念の定義が多く出てきますが，それぞれの書き方については後の章で詳しく取り扱います。

　まず，英文は読者にわかりやすく書く必要があります。アカデミック・ライティングの読者とは，何らかの評価をする専門家であり，この人たちを説得するには，客観性を持たせる必要があります。このわかりやすさと客観性のある英文執筆について，本書では応用言語学で確立された理論を活用して説明していきます。

　また，従来のように経験や感覚による記述ではなく，英文ライティング技法の妥当性をコンピュータで統計的に確認しました。これはコーパス分析という手法で，実際に書かれた大量の英文データを活用して検証しました。英文を書く際に役立ちますので，3節で基本の考え方を紹介します。

1 ❖ 読者中心に書く：読みやすく，わかりやすい英文

　英文ライティングで一番大切なのは，読者中心に書くということです。日本語とは異なり，英語では情報を受け取る側が中心となります。つまり書き手は，読者の理解を意識し文章を書くことになります。これは，「リーダー・センタード（reader-centered）」のアプローチと呼ばれます。英語では，通常いくつかの文をまとめて伝えたいメッセージを送ります。これを「ディスコース（discourse）」と呼びます。ライティングでは，パラグラフが基本のディスコースとなり，特定の方法で構築し，情報の受け手にとって読みやすくします。これを実現するのが「ディスコース・ストラテジー

(discourse strategies)」です．英文を書く際に，意図的に活用するストラテジーで，これが上手に使えるようになれば，読者に対して説得力のある文章が書けます．

1-1　読みやすく，わかりやすい英文の書き方

　読者にとってわかりやすいディスコースの実現には，以下の3つのストラテジーが必要です．それぞれに沿った書き方は，後の各章で詳しく見ていきます．ここでは予告編として大まかな説明をしていきます．
- （1）英文に流れがありスムーズに読める　　（⇒2章）
- （2）パラグラフにまとまりがある　　　　　（⇒3，4章）
- （3）読者をうまく誘導する　　　　　　　　（⇒5章）

(1) 英文に流れがありスムーズに読める

　文章に流れがあること（flow of sentence）は，読みやすさの大前提です．査読をして，読みにくくネイティブの文章でないと思うのは英文に流れがない論文です．流れを構築するのが結束性（cohesion）で，パラグラフ内の各文は，必ず他の文と結びつけるということです．文と文が結びつけば，ディスコース内を容易に移動できスムーズに読めます．

　例1-1では，最初の文の a few questions about politics と同じ内容を表している代名詞 They を，続く文の始めに配置しています．これにより文同士が結び付き，読み手はスムーズに1文目の文末から2文目に移動できます．このように，前に書かれた内容に関連することを，続く文の最初に書くことで結束性が実現できます．

1-1　Tom asked a few questions about politics. They were very difficult for me to answer.

| ポイント | 文の最初は前方の文に述べた内容を書く　　（⇒2章） |

(2) パラグラフにまとまりがある

　パラグラフをまとめるには，全ての文が1つの話題について書かれているという「統一性（unity）」が必要となります．つまり別の話題を書く時

は，新しいパラグラフを始める必要があります。

　例 **1-2** は，1 文目の，新しい映画館（a new movie theater）のことを，2 文目では「そのような場所」と言い換えています。このため 2 つの文は共通の話題について書いていることになり統一性があります。

1-2　I think that the building of <u>a new movie theater</u> will destroy the silence of our community. <u>Such places</u> are often noisy.

　たとえ文同士に結束性があっても，話題に統一性がないと，別の話題が途中で現れ，読者にはわかりにくくなります。同様に，1 つの話題を書いても，文同士に結び付きがないと流れがなく，読みにくくなります。このように，読みやすさには，結束性と統一性の両方が必要です。英文パラグラフでは，性質の同じ情報を連続して書くというのが前提です。

ポイント　同じ性質の情報を連続して書く　　（⇒ 3，4 章）

(3) 読者をうまく誘導する

　それでは，どうすれば異なる性質の情報を結束できるのでしょう。パラグラフ内の文は，論理的に結び付いていないと読みにくくなります。論理的な結び付きとは，連続する文の情報に矛盾がないということです。このために，文頭にメタディスコース（metadiscourse）を置き，読み方の案内をする方略を使います。メタディスコースは，後続の情報とは直接関係はないのですが，その内容に関して予告をする特定表現です。

　たとえば，賛成と反対の異なる立場の意見の文を，そのまま続けて並べただけでは情報に連続性がありません。このような異なる情報を矛盾なく結び付けるために，メタディスコースで読み方の案内をします。

1-3　Parents can be very important teachers in their children's lives. <u>However</u>, they are not always the best teachers.
　　　（親たちは自分の子供の人生において，とても大切な教師となりうる。<u>しかしながら</u>，彼らが常に最良の教師とは限らない。）

　2 番目の文頭に However というメタディスコースがあり，前文とは反対の情報が次に続くことを予告しています。However は，後に続く内容

とは直接関係はありません．しかしこれが文頭にあることで，読者に反する内容が来ると注意を喚起し，2つの文の情報に連続性ができます．このため，読者は次に来る性質を予期でき，読みやすくなるのです．

　また，メタディスコースには，次の例のように，書き手の意見や立場について明確なシグナルを送るものもあります．

　1-4 は，ゲームに賛成という考えを紹介した後，In my opinion で始め，ここから自分の考えを述べるというシグナルを読者に送っています．

1-4 Some people claim that playing games is important for adults. <u>In my opinion</u> the importance of playing games depends on the types of games considered.
（大人にとってゲームをすることは大切と主張する人もいる．<u>私の意見では</u>，ゲームをする大切さは，その考慮するゲームの種類に依存する．）

　以上，文の始めにメタディスコースを書き，後に続く情報について論理的に理解しやすいように読者を誘導するストラテジーが有効です．

> **ポイント** 文頭のメタディスコースで読者を誘導する　　（⇒5章）

　ここで確認したように，読みやすく，わかりやすい文章を書くには，文同士に流れを作り，パラグラフをまとめ，論理的な展開についてうまくシグナルを送る必要があります．これが全て揃っていることを首尾一貫性（coherence）があると言い，読者に矛盾なく話題を転換し談話を発展させていきます．以下の表に要点をまとめました．

表 1-1　首尾一貫性の構築で読みやすく，わかりやすい英文の3ポイント

1. 文頭に，前に述べた内容を書き結束性を作る：文に流れができる
2. 同じ性質の情報を連続して書き話題の統一性を保つ：まとまりがある
3. メタディスコースで読み方の案内をする：読者をうまく誘導する

2 ❖ 誰に向けて書くのかを意識する

　次に考慮すべき点は，どのような人に読んでもらうかという点です．さらに，彼らの読む目的は何かを分析する必要があります．これを，「情報

の受け手の分析（audience analysis）」と呼びます。日本語でも手紙や，少しフォーマルなメールを送る時，その人の顔を浮かべます。そして，どのような目的で，何を伝えたいのか考えて書きます。英文のライティングでも全く同じで，誰に，どのような目的で，何を書くのかが大切です。

　大学での英文ライティングは，主に「権威者（authority）」に向けて書きます。権威者とは，書かれた英文の内容について，かなり知識のある人々であり，読んだ後に一定の評価を行います。例えば，TOEFLやIELTSでは，書かれた英文がどのレベルに達しているのか判断する専門の評価者です。大学のレポートやエッセイでは，授業の成績を決める先生です。学術論文は，投稿された論文の採択を決める審査員となります。

　それぞれに向けた，より具体的な書き方については後の章で見ていきますが，ここでは読者である権威者に共通の重要項目を確認します。

　まず，覚えておかなければならないのは，権威者は忙しい人たちです。彼らは，多くの英文を期限内に読まなくてはなりません。たとえば，検定試験の採点者は，一度に多量の答案を，決められた時間で読みます。大学の教員も同様で，評価をする期限内に成績をつけなければなりません。論文の査読者は，自分の研究の合間に，送られた原稿の採択をボランティアで評価をします。このような忙しい人に向けて書くので，相手がより読みやすく，わかりやすい英文執筆が特に大切です。

　さらに，一般的に権威者は，書き手より専門的な知識を持ち，内容の適切さの判断が容易にできます。このため，十分な準備をし，深い内容を客観的に書く必要があります。この2つの点について少し説明します。

ポイント　アカデミック・ライティングは評価する権威者に向けて書く

2-1　十分な準備：権威者と同レベルの知識の共有を示す

　読み手は英文の内容について評価をする際に，書き手が自分と「同じ分野のメンバー（discourse community）」かを判断します。同じ分野のメンバーとは，特定の重要な知識を共有しているということです。これは学術論文の査読では端的です。応募した論文が，その領域の重要な研究に触れていないと，メンバーとして見なせないことになります。このため先行研究を十分に読み込んで知識をまとめておく必要があります。

英語による大学の授業では，専門科目の知識が身についていることを英語で証明します。つまり教科書をじっくりと読み，その中で使われている語彙や表現を活用して重要課題の理解を示さなくてはなりません。

　それでは，TOEFL や IELTS では，同じ分野のメンバーとは何を意味するのでしょう。テストの目的をみれば明らかになります。これらの試験は，米国，英国中心の英語圏の大学に入学する語学力を試すものです。つまり大学生として迎えるのにふさわしい人がメンバーです。これは，一定水準の教養と，社会問題に対する問題意識を持つ人となります。

　このためには，日頃から新聞や専門書を読むべきです。基本的な社会問題に関する自分の意見を持つ，という教養力を身に付ける必要があります。英字新聞を読みこなすことも大切です。例えば，*USA TODAY* などは比較的平易な英語で書かれています。日頃から英文記事を読んでおけば，時事問題の内容や，それに関する語彙，慣用句も身に付きます。

　以上のように，アカデミック・ライティングは，単に書き方を学ぶのではなく，日頃から専門分野や時事問題への関心を高め，それらに対する自分の意見を英語でまとめられるようになることも大切になります。

ポイント｜日頃から時事問題にも関心を深め，専門知識を身に付ける

2-2　客観的に書く

　一方，客観的に書くというのは，主張したいことの証拠を提示し，さらに自分の論点の弱点を認識していることを示すということです。

(1) 証拠を示す

　読み手を説得できる「証拠（evidence）」を示せば，客観的な議論となります。1つの方法は，実際のデータや統計的な数字を使い，主張の根拠を明確にすることです。また，その分野の過去の研究や専門家の見解，政府など公的な機関が発表した資料も有効です。学術論文の執筆には，時間をかけ研究した成果を示すことになるので，このことは特に重要です。

　また，大学の授業でも，学期中にこれらの証拠を集めて整理しておき，定期試験やレポート提出前に予想される課題をまとめておくべきです。

　次の2つの例文を見てください。両方とも森林火災が多いことを述べて

いますが，下の文は公的機関である天然資源・環境省のデータを証拠として活用し，具体的数字を述べているので，より客観性があります。

1-5　There were quite a few forest fires in 2015.
　　　（2015年は非常に多くの森林火災が起こった。）
1-6　According to the ministry of Natural Resources and Environment, more than 1,000 forest fires occurred in 2015.
　　　（天然資源・環境省によると，2015年は，1,000以上の森林火災があった。）

　一方，TOEFLやIELTSなどの試験では，当日に与えられたライティングの課題に，それぞれ30分から45分で書くことになります。問題の予想は困難なので，日頃から社会的なテーマに関心を持ち，自分の観点を英語でまとめておく準備が必要になります。
　下の例は，実際の資格試験で出題された課題です。これに関して，45分以内に250ワード程度で，賛成か反対か自分の意見を書く問題です。この場合，リストラや失業などの社会的問題への認識が必要とされます。

1-7　Should business never fire people?
　　　（ビジネスにおいて，決して人を解雇すべきではないか？）

　資格試験では，統計データの数字などを正確に覚えておくことは容易ではありません。この場合は，一般的に認知されている具体例を書いて証拠を示すことになります。さらに，与えられた課題に対する，自分の観点や考えを文章で明確に伝えることになります。つまり，主張することの正当性を，英文を組み立てて証明することになります。そのためには，論理を展開するストラテジーを十分に身に付ける必要があります。
　もちろん，このような書き方は，大学でのエッセイや学術論文でも必須の要素です。本書では，この書き方を詳しく解説していきます。

ポイント｜主張を裏付けるデータや具体例で客観性を示す

(2) 自分の主張を防御する
　読者は，書き手より知識のある権威者なので，主張内容の証拠の不十分さや，それに対する反対の事例を知っていることもあります。これらの批

判を予想し，反対する意見の存在や，自分の証拠が十分でないことを前もって示す方法があります。つまり，何事も完璧はないので，議論に限界があることの認識を示すのです。この際，2つの方法があります。

① **自分の議論の証拠が十分でない可能性を示す**
　これは自分の主張を防御するもので，緩衝表現である「ヘッジ（hedge）」を使います。代表的なのは，法助動詞を使い，主張を弱めておくストラテジーです。下の3つの例では，ボクシングというスポーツの安全性を述べていますが，aからbへと主張は弱くなっています。

1-8　a. It is said that boxing is a relatively safe sport.
　　　　　比較的安全だと認められている　⇒　一般的な事実
　　　　b. It can be said that boxing is a relatively safe sport.
　　　　　比較的安全だと言うこともできる　⇒　可能性としてありえる
　　　　c. It could be said that boxing is a relatively safe sport.
　　　　　（理論的には）比較的安全と言える可能性もある　⇒　実際の可能性は低い

　aは，安全性が一般的に認められているという意味です。bはcanを使い，少し主張を弱め断言するのを避けています。cはcouldを使い，理論的にはありえるが，現実には必ずしもそうでないかもしれない，とかなり主張を曖昧にしています。こうすれば，反対の立場の様々な指摘を避けられます。cのような文は，弱い議論なので頻繁には使いませんが，ヘッジを上手に使えば，議論の弱点の認識を示し，客観性を表現できます。

> ポイント　ヘッジで弱点を防御し議論の客観性を示す　　（⇒8章）

② **別の見解があることを記載する**
　これは違う立場の意見を本文に記述することで，客観性を保つストラテジーです。次の例は，学校の制服を導入する方が良いという立場ですが，自分で服を選ぶ利点も認めています。しかし，そのようなことを考慮しても，制服を導入するメリットがあるという主張をしています。反対の立場の意見も認識している上での議論なので客観性があります。

1-9 Of course, allowing them to decide what to wear to school also has some benefits for the students. This enables them to develop the habit of making choices by themselves. <u>However, as I have said, the advantages of wearing uniforms outweigh the disadvantages.</u>

- ●まとめ：専門家の権威者に向けた書き方
  - 課題について十分な知識があることを示す
  - 証拠を示し，自分の主張を防御して客観性を表現する

3 ❖ コーパス分析を使うメリット

　コーパスによるアカデミック・ライティングの分析方法について簡単に触れます。コーパスデータは便利な材料で，英文を書く時にとても役立ちます。

3-1　なぜコーパス分析を利用したのか

　アカデミック・ライティングの分野では，これまで多くの研究が行われ，書き方の理論についてはある程度確立しています。しかし，学術論文の執筆や査読をすると，既存の指導書には掲載がないのに，実際にはよく使う表現があることに気づきます。また，書籍に書かれているのと少し使い方が違うような特定の表現もあります。この際に，確認する手段としてとても便利なのがコーパスの活用です。コーパス分析とは，あらかじめ大量のテキストデータを作成し，専用ソフトで分析する手法です。たとえば，特定の語彙の使用頻度や，コロケーションという単語の結び付きなどを調査できます。英文を書く時の具体的なヒントが得られます。

　コーパス分析を活用すると，これまでの主張をコンピュータによって適切かどうかを確認できます。本書は，WordSmith 6.0 というコーパス分析ソフトを使い，理論の裏付けをしました。478 のエッセイと 202 の学術論文の合計約 158 万ワードを分析した科学的な結果に基づいています。

3-2　どのようにコーパスを利用したのか

　たとえば，But は口語的な表現なので，フォーマルな英文の文頭で使わ

ない方がよいと言われます。これは本当でしょうか。世界の代表的な学術誌を集めたコーパスで検索すると，but は文頭以外で 1415 回と多く使用されています。しかし，But は文頭でも 78 回使われていました。以下は，*Nature* や *Science* などの最難関の学術誌の使用例です。

1-10 But systematic differences due to DNA are more subtle.
　　　（しかし，DNA の基による，組織的な違いはより微妙なものである。）

　一方，同様の意味を持つ However は，文頭の使用が 576 回です。But も研究論文の文頭で使われるが，However の使用頻度が高いので，これの使用法から学んだ方がよい，ということになるかもしれません。
　同様に，逆説の接合詞である，よりフォーマルと言われる Nevertheless はどうでしょう。使用頻度は 32 回と低いので，やはり However の方を使った方がよいのでしょうか。ところが，コーパス分析により，文章の使用位置を調べると，Nevertheless は結論部分など，特に重要なところで多く使われていました。このことから，同様な意味を持つ表現でも，単に頻度を考えるだけでなく，特定の用法があるということもわかります。
　以上のように，コーパスを利用すると，実際に書かれた多くの文章を活用し，統計的手法で有効な書き方のヒントが得られます。本書のライティングの方略は，コーパス分析による科学的な根拠のあるものです。

> **参考資料**　活用したコーパス

　本書は次のような，一般に公開されている英語エッセイ（合計約 23 万ワード）でコーパスデータを作成し分析した研究結果を利用しました。
- TOEFL の Independent Task の模範解答　200 本
- IELTS の Task 2 の模範解答　164 本
- 英国 A level の回答　114 本

　また，国際的な英語学術論文は，中谷（2012, 2013）および中谷・土方・清水（2011）の研究で集めた以下の約 135 万ワードのデータ分析結果を使っています。
- 自然科学，社会科学，人文科学の代表的学術誌掲載の論文　各 34 本
- 自然科学のトップジャーナル掲載論文　100 本

練習問題1

1. 次の英文は，どのように文の流れを作っているか説明しなさい。
   Many convenience stores now sell a variety of prepackaged lunches. These are very convenient for busy parents. Parents can give these lunches to their children to take to school.

2. 次の英文は，どのように読みやすくする工夫をしているか説明しなさい。
   Parents may be too close to their children emotionally. For example, they may limit a child's freedom in the name of safety.

練習問題2

1. 次の英文は，どのように文の流れを作っているか説明しなさい。
   Computers have no ability to think or be creative. They simply follow instructions laid out by a human. However, they can perform millions of calculations very quickly.

2. 次の英文には，どのようなストラテジーが使われているか説明しなさい。
   Recent fashion trends look very stylish to the general public. Yet, it can be said that the main purpose of wearing clothes is for more functional.

3. 次のパラグラフは統一性があるか。なければ，どうすれば統一性を持たせられるか説明しなさい。
   Computers can save time when you have a lot of homework. By using a computer, you can solve difficult calculations. Some people use computers to transfer money across the globe. Computers can also check for spelling errors on reports and essays.

2章 英文に流れを作るストラテジー

この章で学ぶこと
- 英語の情報配置：テーマとリーム
- 既知の情報から新規の情報へと書く

　この章から，読者中心に書くためにディスコースのストラテジーをどのように使えばよいのか，具体的な方法を学んでいきます。最初は意識して使い，トレーニングを積めば，やがて無意識にストラテジーが活用できるようになります。

　前章で述べたようにライティングで重要なのは，読者中心の英文構築です。つまり読者が理解できるように，わかりやすく書く必要があります。これを実現する表 1-1（p.7 参照）の 3 つのストラテジーのうち，まず 1. の英文の流れを作りスムーズに読める書き方を説明していきます。これには，特定の情報をディスコースの中でうまく配置する必要があります。

1 ❖ 各文の情報を結束し，流れを作るストラテジー

　文章のディスコースの最小のまとまりはパラグラフです。この中で適切なメッセージを送るには，文法が正確なだけでは十分ではありません。前章で確認したような首尾一貫性（coherence）が必要となります。この中で，文章に流れを作るには文同士の明確な結束性（cohesion）を保ちます。この結束は，各文の情報の構成と深く関わってきます。それでは，英文はどのように情報を配置すべきか見ていきましょう。

1-1　英文の基本構成：テーマとリーム

　一般に，文の最初の部分は「テーマ（theme）」，その後に続く部分は「リーム（rheme）」と呼ばれる情報配置になります。テーマは，日本語では主部にあたり，伝えたい情報が，何についてなのかを読者に示します。また読者が既に共有している情報をここに書きます。一方，リームは日本語の述部のようなもので，テーマの説明を書きます。ここには強調したい

情報や，読者がまだ知らない情報を置きます。また，後続の文で発展させる内容を書くこともあります。図 2-1 が基本の構成図です。

図 2-1　英文の基本構成

テーマ：何について書くか	リーム：テーマの説明
●話題の提示 ●読者と共有している情報	●読者が知らない情報 ●強調したい情報

基本的な例文を見てみます。例 2-1 はディスコースの最初の文です。

2-1　　I　　bought a book.
　　　テーマ　　リーム

まず I（わたし）がテーマであり，「わたし」の行動についての話題であることを示しています。リームには「1 冊の本を買った」ことが書かれています。リームは強調したい情報なので，続く文の情報は，本を買った行動や，本に関する記述が来ることを示唆しています。

次に続く文は，この最初の文に結束させることで英文に流れができます。ディスコースで文の流れを作る際，テーマの文頭には，既述のことや，書き手が読者と共有している「既知情報（given information）」を置きます。この既知情報は「トピック（topic）」と呼ばれます。またリームには，読者に伝えていない「新規情報（new information）」を置くと読みやすくなります。この新規の情報は「フォーカス（focus）」と呼ばれます。まとめると，図 2-2 のようになります。

図 2-2　ディスコースの 2 番目以降の文の構成

テーマ	リーム
トピックを書く ――読者に既知の情報	フォーカスを書く ――読者に新規の情報

それでは，例 2-1 に続く文には，どのようなものがあるのか具体例を見ましょう。次の 2-2 と 2-3 では，どちらが読みやすいでしょうか。

2-2　I bought a book. Williams wrote the book.
2-3　I bought a book. The book was written by Williams.

2-2 の第 2 文は，Williams という新規情報が最初にあります。このためテーマは，前文と関係のない情報で始まり，結束がないため読者は戸惑います。一方，**2-3** の第 2 文のテーマには，前文の文末と同様のトピックである The book が置かれ結束があります。結果として，**2-3** では，読者が第 1 文から第 2 文にスムーズに移行でき，この方が読みやすくなります。

　また，**2-3** の第 2 文の文末には，新規情報のフォーカスである by Williams がリームの最後に置かれています。読者は，「次は Williams に関する説明がくる」と推測できるのです。

　2-4 で示すように，後に続く文は，He is a famous writer from the USA. となっていました。このように，第 2 文の文末にあるフォーカスの情報 Williams は，3 番目のテーマの He と結束しています。ディスコースに流れができ，読みやすくなっています。

2-4　I bought **a book**.

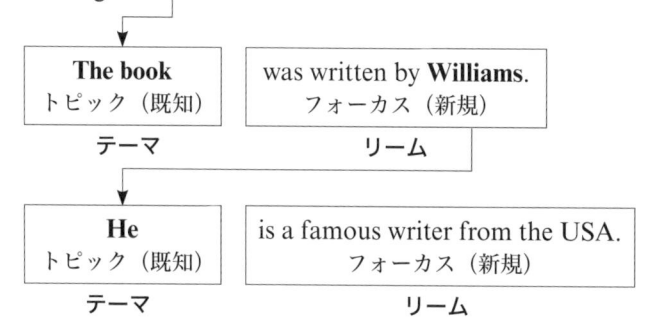

The book トピック（既知）	was written by **Williams**. フォーカス（新規）
テーマ	リーム

He トピック（既知）	is a famous writer from the USA. フォーカス（新規）
テーマ	リーム

ポイント
- 英文はテーマとリームで構成されている。
- テーマに既知情報を，リームに新規情報を置く。

1-2　後方により強調する情報を置く：エンドフォーカス方略

　以上のような，既知情報のトピックで文を始め，新規のフォーカスへと情報を配置し読みやすくするストラテジーは，エンドフォーカス（end focus）と呼ばれます。例 **2-3** の 2 番目の文のように，受動態は情報の配置を変え，エンドフォーカスにする時にも使われるのです。

　なぜ，読者は文末に注目するのでしょうか。それはピリオドの役割の影

響があります。英語のピリオドは「止まれ」の合図であり，読者は止まる前に読むスピードを落とします。結果的にその部分に，より時間をかけて読むことになります。このように，注目してほしい情報を文末に置くと，わかりやすい文になるのです。また，人間の記憶は新しいことほど覚えているので，重要な情報は最後に置くと効果的なのです[1]。

ポイント ピリオドは止まれの合図。その前に新しい重要情報を置く。

それでは，新規の情報が2つある場合は，どのように並べるのでしょうか。次の例はどちらが読みやすいでしょう。

2-5 I stayed at the Hotel Ibis. The room was clean and comfortable.
2-6 I stayed at the Hotel Ibis. The room was comfortable and clean.

clean と comfortable の順番を変えても意味に差がないようです。しかし実は **2-5** の方が読みやすいと考えられます。文末に同じような新規情報を並べる際は，後ろに重いものを置く方が読みやすくなります。「重さ」とは，シラブル（音節）の長いもの，または文法的に複雑なものとなります。このストラテジーは，エンドウェイト（end weight）と呼ばれます。

次の **2-7** の例も同様に，後に breathing problems という2語からなる重い情報が置かれることで，読みやすくなっています。

2-7 Poor posture can cause headache and breathing problems.
　　　（悪い姿勢は，頭痛や呼吸障害を引き起こすことがある。）

ポイント 重い情報はエンドウェイトで後ろに置く。

以上のように，文を結びつけて流れを作り，文末に新しい情報を置き強調することで内容がわかりやすくなります。さらにピリオドなどでスピードを緩めるシグナルを送り，その前に重い情報を置き，時間をかけさせると一層読みやすくなるのです。これらは読者中心のストラテジー構築の基本となり，文に流れを作ります。

---

1) Clark and Haviland（1977）や Kopple（1986）の研究成果による。

2 ❖ 既知情報により結束を作る

　文の結束のさせ方は他にもあります。前文のトピックや，パラグラフの最初のトピックセンテンスと情報を結びつけることもできます。

2-1　前文のトピックとの結束

　まず，前文のトピックと結びつける方法を見ましょう。例 **2-8** の第 2 文は，どのように前文と結びついているでしょうか。

2-8　<u>Television</u> provides numerous topics to talk about with our families. <u>It</u> informs us of what is happening around the world.

　この例では，第 1 文のトピックであるテレビを，第 2 文の文頭に代名詞の It で既知情報とし，2 つの文を結びつけています。このように，後に続く文のトピックは，フォーカスだけでなく，前文のトピックと結束することも可能です。次の **2-9** では，2 番目の文頭の They は，前の文の Many Asian students の代名詞です。このため，2 番目の文は 1 文目と結び付き，ディスコースに流れができます。

2-9　<u>Many Asian students</u> are now studying in England. <u>They</u> are motivated to apply by the comprehensive educational system.
　　　（現在アジアの多くの学生が英国で学んでいる。<u>彼らは</u>，汎用的な教育のシステムがあるため，応募することを動機付けられている。）

2-2　前文の文中との結束

　後に続く文のトピックは，前文の文中にある情報とも結束が可能です。次の例 **2-10** では，最初の文中にある we と，次に続く文のトピックである We は同じ内容です。

2-10　By going to movies, <u>we</u> can escape our own lives. <u>We</u> can also imagine ourselves as other people.
　　　（映画に行くことで自分の人生から逃避できる。他人になりすますこともできる。）

　次の 3 つの文からなるディスコースの結束を確認してみましょう。

2-11　Movies are popular because people are great watchers. They like to watch other people's lives. They can also share other people's emotions.
（映画が人気があるのは人々がとてもよく見るからだ。彼らは他人の生活を見るのが好きだ。彼らはまた他人の感情に共感することもできる。）

　2-11 では，2 番目の文頭のトピック They は最初の文中の people と結束しています。また 3 文目のトピックである They も，最初の文の people と結びついています。3 つの文章が結束し流れがあります。また，全ての文が同じ話題について述べているので，統一性もあります。
　しかし，後続文のトピックに代名詞を使い結束を作る方法は，使い方に注意が必要です。例 2-12 の各文の結び付きを見てみましょう。

2-12　The first teachers we have in our lives are our parents. They are very committed and involved in teaching their children. Some parents have great patience while passing down their knowledge to us from the beginning of our lives.
（我々の人生の最初の先生は，自分たちの親である。彼らは子供の教育に非常に責任を持ち，関わりを持っている。何人かの親は，我々の人生の始めから，知識を伝える際にかなりの忍耐を持っている。）

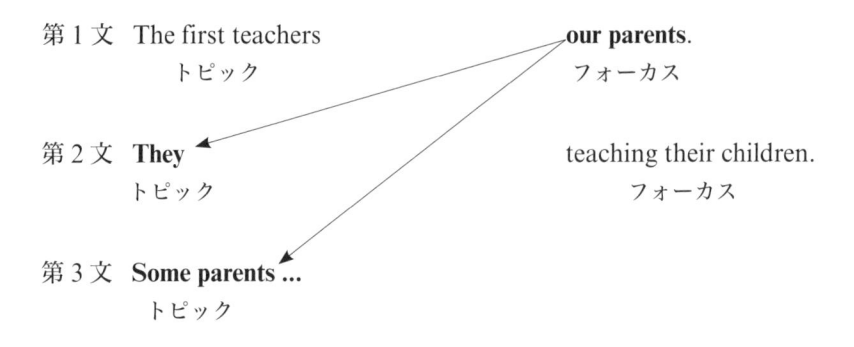

第 1 文　**The first teachers**　　　　　　　　　　**our parents**.
　　　　　トピック　　　　　　　　　　　　　　　　　フォーカス

第 2 文　**They**　　　　　　　　　　　　　　teaching their children.
　　　　　トピック　　　　　　　　　　　　　　　　　フォーカス

第 3 文　**Some parents ...**
　　　　　トピック

　このディスコースでは，2 文目のトピックは They で，最初の文のフォーカス our parents の代名詞として結束があります。注目すべきは 3 文目のトピックです。これも親のことを意味しているのに，なぜ 2 文目のように

代名詞の They としていないのでしょうか。実は，2文目のフォーカスの their children に問題があります。これも複数名詞なので，3番目のトピックを They とすると，このフォーカスと結び付く可能性があります。このため読者が3文目に移動する時，トピックを their children と取り違える可能性があります。このような混乱を避けるため，3文目は意味が明確になるよう parents を含んだトピックで始める方が読みやすくなります。

　このように，代名詞は直前の名詞の言い換えとなる傾向があるので，結束を作る時に注意が必要となるのです。

ポイント｜代名詞をトピックに使う時は意味が明確か確認する。

読者中心のディスコース・ストラテジー①
- 各文は既知のトピックから，新規のフォーカスへと情報を配置する。
  ——エンドフォーカス
- 既知情報のトピックで前方の文と結びつける。
- 同質の語句は，長く複雑な方を後ろに置く。——エンドウェイト

練習問題1

1. 次の各文はどのように読みやすさを実現しているか説明しなさい。
   (1) Driving safely is important for staying alive and healthy.
   (2) Many animals undergo painful suffering as a result of scientific research into the effects of drugs, cosmetics and other chemical products.

2. 次の各文はどのように文の流れを作っているか説明しなさい。
   (1) Children need sufficient free time for leisure activities outside school hours. Such activities are far from being a waste of time.
   (2) Television programs show cartoon figures committing violent acts. Using comic situations to depict violent themes causes further problems with the way in which young people view violence.

練習問題 2

1. 次の各文はどのような結束で流れを作っているか説明しなさい。

   Books are a great source of information for students. By reading a book on a particular subject, a student can gain knowledge over that subject in less time. There are books available on many subjects that we needs in the university library.

2. 次の各文を読みやすいように書き換えなさい。

   (1) Many old people are put into homes for the elderly. Professional nurses look after them.

   (2) Old people in good health can be a great help to their children. Their grandchildren can be looked after by many old people.

3. 次の各文をエンドウェイトに注目して読みやすいように書き換えなさい。

   (1) Our modern lifestyle has contributed greatly to the increasing amount of garbage and waste.

   (2) Two of the most critical causes of the waste material problem are a shortage of space for landfills and increased consumption.

4. 次の各文の結束を確認しなさい。

   Telecommuting can affect the structure of urban life. By using the electronic technologies, office workers can spend much of their time working from home.

3章 意図的に情報の配置を変えるストラテジー

この章で学ぶこと
- パラグラフの中の結束の構築
- パラグラフの中の一貫性の構築

　前章では，文が流れて読みやすくなる，文や節で既知から新規へと情報を配置するエンドフォーカスのストラテジーを確認しました。この方略を実現するには，受動態や強調構文などを意図的に使う必要があります。また，複文なども節の順番を変えて，同じような効果を出すことができます。この章では，パラグラフの中における結束や一貫性の構築を見ていきます。

1 ❖ 受動態による情報の配置

　受動態はあまり使わない方がよいと言われることもあります。これは，文の主語の位置に，動作を行い影響を及ぼす主体があり，目的語の位置にその対象物がある方が自然だからです。次の **3-1** の例では，Tom が動作主で，the essay が対象物です。読者は文の流れに沿って，Tom の行為を理解していくことができます。これを受動態にしたのが **3-2** です。

3-1　Tom　　wrote　the essay.
　　　　主語　　動詞　　目的語
　　　　動作主　→　　　対象物

3-2　The essay was written by Tom.
　　　　主語　　　　動詞
　　　　対象物　　　←　　動作主

　3-2 は，主語の位置に対象物が来ており，その行為の動作主は文末に来ています。このように1文だけでは，**3-1** の方が読みやすそうです。
　それではディスコースではどうなるでしょう。この場合，1章で確認したように，2番目の文は既知の情報から始めると読みやすくなります。
　3-3 は単純化した2文からなるディスコースです。1文目の文末の an

essay が，続く文の既知のトピックとなり結束があります。2文目の最後に新規の情報 by Tom を置くことで，ここが強調したい大切な情報となります。このように受動態を使うと，動作主が主語の位置から移りますが，それによって重要な情報ということが明確になります。

　このように，既知から新規への情報構築に有効なのが受動態です。

3-3　Our teacher praised **an essay**.

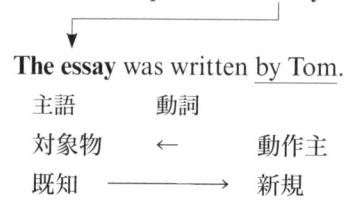

　　　　The essay was written by Tom.
　　　　主語　　　　動詞
　　　　対象物　　←　　動作主
　　　　既知　　──→　　新規

別の例として，3-4 に続く，(1) と (2) の意味の違いを考えてください。

3-4　The accounting industry faced big ethical problems after the Enron scandal.
　(1) The board members discussed the situation in the accounting industry.
　(2) The situation in the accounting industry was discussed by the board members.

　(1) は，読者が文頭テーマの位置の取締役を知っていることが前提となります。文末の the situation in the accounting industry が強調したい新規情報のフォーカスで，これに注目することを示します。(2) は，文頭の The situation がトピックで，前文の文末の情報であるエンロン事件と結束しています。フォーカスは by the board members で，議論が取締役によってなされたことが重要な情報となります。

　以上のように，読者の知識の前提や，強調したい内容によって能動態や受動態を使い分けます。受動態は前文と結束を作ったり，強調したい内容を明確にしたりする際に使われるのです。

　3-5 の例も結束を作るために受動態が使われています。2文目の文頭にあるトピック This policy は，前文の文末にある，外国語を制限することが必要という内容と結びついています。

3-5 Because a nation should maintain its culture through its language, there is a need to restrict the use of foreign words. This policy has been tried in some countries.
（国家は，自国の言語によって文化を維持すべきなので，外国語を制限する必要がある。この政策はいくつかの国で試みられてきた。）

2 ❖ It 構文と，There 構文によるエンドフォーカス

　他にエンドフォーカスを構築するものとしては，It 構文や，There 構文などがあります。これらは，ディスコースで特定の役割を果たし，読者をうまく誘導する時に使います。

2-1　It 構文のエンドフォーカス

　It 構文も，文末に重要な情報を置くエンドフォーカスで読みやすさを構築する方法です。次の２つの例文を比較してみましょう。

3-6 Cloud computing is easy to define.
3-7 It is easy to define cloud computing.

　共にクラウド・コンピューティングの定義は容易だという内容です。3-6 は，文末の「定義が容易」がフォーカスです。一方，3-7 は，仮主語の It がテーマの位置にあることで情報がずれ，後半の内容全体がフォーカスとなり，読者に強調されます。また，文末の cloud computing を後に続く文のトピックと結びつけることが可能です。実際のディスコースでは，3-8 のように，後に続く文のトピックである The system と結束し，クラウドを提供する会社の施設内に存在するという内容でした。

3-8 It is easy to define cloud computing. The system exists on the premises of the cloud provider.

　次の 3-9 では，It 構文を使い，しばらく休暇を取る，という情報が１文目の文末にあります。このため２文目のトピックである By doing so と結びつき，それにより家族と過ごす時間をより多く持てる，とされています。

3 章　意図的に情報の配置を変えるストラテジー　25

3-9　It is a good idea to occasionally take some time off work. By doing so, you can spend more time with your family.

それでは，次の 3-10 は，どのような工夫がされているでしょうか。

3-10　Many old people are put into homes for the elderly by their families. However, it is the duty of the family to look after its senior members. Seniors tend to feel useless in retirement homes.
（多くの年配の人が家族によって，老人ホームに入れられている。しかし，年配者の面倒を見るのは家族の義務である。年配者は，引退者の施設では無能な人のように感じてしまう。）

3-10 の 2 番目の文は，強調の It 構文となっています。このため，文末に its senior members が配置されています。それが 3 番目の文頭のトピック Seniors と結束しており，文章に流れができています。

2-2　There 構文のエンドフォーカス

It 構文と同様，There 構文も情報を後ろにずらし，特定の内容を強調します。次の例文は，いずれも「因子分析で 2 つの興味深い結果がわかった」という内容を伝えていますが，書き手の視点は異なります。

3-11　This factor analysis showed two interesting results.
3-12　There were two interesting results in this factor analysis.

3-11 は，「2 つの興味深い結果」がフォーカスとなり，後に続く文は，その結果に関することが続きそうです。一方，3-12 の文頭テーマの位置には There があります。この部分には意味がなく，後に続く情報全体が大切なことを強調しています。文頭に既知情報のトピックがないので，前方の文と結束がありません。このためディスコースの流れが途切れ，読者の注意を引くことになるのです。There 構文は，このように情報の流れを遮ることで，読者の注意を喚起するためにも使われます。

次の 3-13 の最初の文は There 構文を使い，核技術の制御方法は多くの議論があることを強調しています。続く文は，議論の例として，原子力発電所から放射線が漏れる危険性が常にあり，その技術は恐いという内容で

す。後半部分にも There 構文が使われ，危険性を強調しています。

3-13 There is much debate about how to control nuclear technology. Some people are afraid of the technology because there is always a danger of radiation leaking from nuclear power stations.
（核技術の制御方法には多くの議論がある。何人かは，原子力発電所から放射線が漏れる危険性が常にあるので，その技術を恐れている。）

　以上のように，受動態や It 構文，There 構文を使えば，意図的に情報の位置を変えることが可能です。書き手は，文の結束を作り，読みやすくし，特定の情報を強調するための方略を意図的に使う必要があります。

3 ❖ 句や節の配置による読みやすさ

3-1　句の配置の変換

　これまで，構文による情報配置を見てきました。次に，句や節の入れ替えによる読みやすさを確認します。特定の句は，文の中で前に置いたり，後に置いたりすることができます。例 3-14 を見てみましょう。後に続くのは，(1) と (2) ではどちらが読みやすいでしょうか。

3-14 Canada has a multicultural society. Canadian people of all ages love to spend their spare time at home.
　(1) Most television programs are full of action and excitement to interest all these different people.
　(2) To interest all these different people, most television programs are full of action and excitement.

　両方とも，様々な人々に興味を持たせるため，ほとんどのテレビ番組はアクションや刺激的なものが多いという内容です。(2) の不定詞句には，前文の people of all ages と同じ内容で結束する these different people が含まれ，2 文目から 3 文目に流れができます。このため (1) より (2) の方が読みやすくなっています。
　次の 3-15 を読みやすくするには，いかに句を移動すべきでしょうか。

3-15 People need leisure time to recover from the stresses of work.

They may want to improve their health by jogging or swimming at the end of the working day. They are healthy hobbies which keep our body in a good condition.
（人々は仕事のストレスから回復するために余暇の時間が必要だ。彼らは仕事の後で，ジョギングや水泳によって健康増進を望むかもしれない。それらは，我々の体を良好な状態に保つのに健康的な趣味だ。）

このままでは，2番目と3番目の文の結び付きがよくありません。この場合，図3-1のように2文目の最後の at the end of the working day の句を文頭に移動するとよくなります。こうすれば，1文目のフォーカスである the stresses of work と2文目のテーマにある the working day が結束します。さらに，2文目の文末のフォーカスに by jogging or swimming が移動し，3文目の文頭のトピック They と結び付きます。このように，句の位置を変えることで流れができ読みやすくなります。

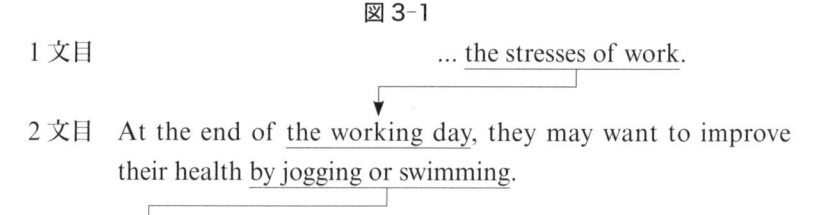

図 3-1

1文目　　　　　　　　　　　　　　... the stresses of work.

2文目　At the end of the working day, they may want to improve their health by jogging or swimming.

3文目　They are healthy hobbies ...

3-2 節の配置の変換

複文では，主節と従属節の位置を前後で変えられます。実は，この位置の変換も読みやすさを実現するストラテジーとなります。

　3-16 の例では，2番目の文として (1) と (2) のどちらが読みやすいでしょうか。それぞれ従属節の接続詞は since と because で形は異なりますが，両方とも理由を示しています。科学者は動物と人間では多くの類似点があるので，動物実験をするという内容です。

3-16　Many medical treatments have been developed from experiments on animals.

（多くの医療は動物への実験から構築されてきた。）
(1) Since animals share many characteristics with humans, scientists use animals to test the safety of newly developed drugs.
(2) Scientists use animals to test the safety of newly developed drugs because animals share many characteristics with humans.

この例も，最初の文から2文目へ，読者がスムーズに移動できるかがポイントになります。(1) では，2文目の最初の方に，animals があり，前文のフォーカスである文末の animals と結束があります。しかし，(2) のトピックは Scientists で，最初の文と直接の関連性はなさそうです。このため，animals を含む従属節を前に置いた (1) が読みやすいのです。

次の 3-17 をより読みやすくするには，どのようにすればよいでしょう。

3-17 If students work hard at school, they will increase their opportunities for getting good jobs. Students should make the best of their study time at university because access to the best jobs is becoming more competitive.

2文目の接続詞を変え，図 3-2 のように主節と従属節を入れ替えると読みやすくなります。こうすれば，1文目の文末フォーカスと，2文目の文頭にある，最善の仕事への道のりが，意味的に結びつき流れができます。

図 3-2

1文目　... for getting good jobs.

2文目　As access to the best jobs is becoming more competitive, students should make the best of their study time at university.

4 ❖ まとめの確認問題

それでは，この章のまとめとして，次の例題を考えてみましょう。
① All human societies consist of men and women. ② Men and women are biologically distinct and their respective roles in biological procreation are absolute. ③ Some of their physical differences are not

3章　意図的に情報の配置を変えるストラテジー　29

absolute but statistical. ④ Although some women are taller and stronger than many men, men are on average taller and stronger than women. ⑤ Women have on average greater finger dexterity.

問1　パラグラフを読みやすいディスコースになるように修正しなさい。
問2　各文のトピックとフォーカスに注目し、結び付きを確認しなさい。

　問1は、節の並べ方による情報配置の役割を帰納的に類推させるものです。読みやすくするには、④の節の順番を入れ替えます。最初の文①のリームに men and women とあるので、以下にこの順序で情報がくることを示唆しています。また、④の後に続く⑤は Women から始まっています。このため、④の後方の節には Women を主体にする情報を置いた方が⑤のテーマと結びつきます。原文では、④′ のようになっていました。このように、重文や複文で節の順番を選べる場合、後ろの節に、後に続く強調したい情報を置き読みやすくするのです。

④′ Men are on average taller and stronger than women, but some women are taller and stronger than many men.

　問2は、情報配置に注目する問題です。1つのパラグラフは1つの話題について書き、異なる話題が続く場合はパラグラフを新しくします。パラグラフの最初の文をトピックセンテンス（topic sentence）と呼び、通常は、そのパラグラフで伝える話題を明示します。この例では、「社会を構成している男性と女性」の話題の記述を示唆しています。
　問2のパラグラフの各文の結束を、④の文章を修正したディスコースで確認してみましょう。最初の文の後に続く、各文の文頭テーマの位置にあるトピックに注目したのが次ページの図3-3になります。
　トピックセンテンスでリームにある男女の話題が以下に続くことを示唆しています。②の1節の文頭にあるトピック Men and women と、2節の their は、共に前文の文末と結束しています。③のテーマには their があり、トピックセンテンスの文末と結びついています。修正した④′ の1節の文頭にある Men も、2節の women も①のリーム部分と結束しています。⑤の文頭の Women は前文の women と結びついたトピックです。このように、②以下のテーマの位置には、トピックセンテンスまたは前文の既知

情報を置き，結束が効果的に作られています。また，各リームに重要な情報であるフォーカスがあり，既知から新規情報へとスムーズに流れます。全ての文頭がトピックセンテンスと関連しており，パラグラフに一貫性が構築されているのです。

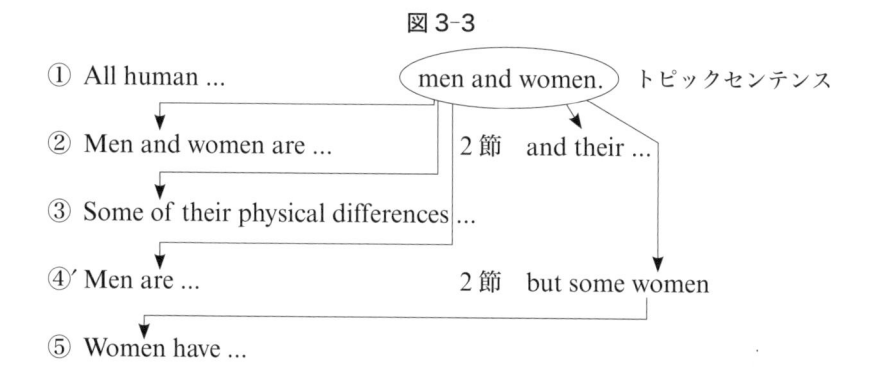

図3-3

① All human ...　　　　　　　men and women.　トピックセンテンス
② Men and women are ...　　2節　and their ...
③ Some of their physical differences ...
④′ Men are ...　　　　　　　2節　but some women
⑤ Women have ...

読者中心のディスコース・ストラテジー②
- 受動態やIt構文，There構文は情報を入れ替えて結束や強調を行う。
- 文の句や節の並べ替えも同様な役割がある。
- パラグラフは，各文をトピックセンテンスや前方の文と既知情報で結束させ一貫性を構築する。

練習問題1

1. 次の文を，There構文を使い内容を強調する文に変えなさい。
   Governments play a role in the area of language planning in education.

2. 次の文はどのようなストラテジーを使っているか説明しなさい
   It is a good idea to study English in an English-speaking country. For instance, there are many advantages to learning English in the U.S.A. Living with an American family, foreign students can learn the culture firsthand.

> 練習問題 2

1. 2 文目の句の位置を変え，読みやすい英文にしなさい。
   It is true that radio stations' main objective is to attract listeners to their stations. They attempt to provide news broadcasts tailor-made to suit their viewers' preferences for this reason.
2. 次の英文をより読みやすく書き換えなさい。
   To build very tall buildings in the center of the city is prohibited. This would spoil the overall appearance of the skyline.

> コラム　**英国の大学入学資格試験**

　IELTS の試験は，初めは出題内容のテーマの深さや難しさに驚く人もいるでしょう。たとえば「死刑を廃止すべきか」という課題が与えられることもあります。これは，大学は 3 年制という英国の教育システムが影響しています。なぜ 3 年かと言うと，日本の大学の教養課程の内容は，大学入学前に済ませるというのが前提です。大学入学資格は A レベルと呼ばれ，16 歳の義務教育の後，希望する生徒がさらに約 2 年間勉強をして受験します。A レベルは，3〜5 科目受けますが，その成績結果で入学できる大学が決まります。

　この A レベルの試験の内容はかなり深く専門的で，日本の大学入試とは大きく異なります。たとえば "English and Literature" の科目は 3 時間以内に，3 つ課題を読み，全てに独自の見解を示す論述問題です。記憶力より，教科書の内容を理解した上での思考力や問題解決能力が必要とされます。このような難関を通って進学してきた人が学ぶ所が大学なので，そこに応募する留学生にも一定の教養力が求められます。つまり，日頃から英語の勉強だけでなく，社会問題などへ関心を深め，新聞や本を読んでおくべきでしょう。結局これらを身に付けていないと，せっかく英国の大学に入学しても，その後に苦労することになります。

4章 ディスコースを結束させるストラテジー

この章で学ぶこと
- 文法的結合と語彙的結合の作り方
- 冠詞の使い方

　この章では，文の流れや読みやすさのために，いかに文の最初のテーマの位置に既知情報のトピックを置き，パラグラフの結束を作るのかまとめます。

　結束性には，談話が行われる状況や，それを行っている人同士の関係から意味的に結びついているものなど様々あります。ここでは，パラグラフにおいて文法的，または語彙的に文同士を結びつける方法を中心に確認します。基本は，トピックセンテンスや，先行する文と結束を作ることです。このような既出の情報との結束は，前方照応（anaphora）と呼びます。また，後ろに来る情報と結びつくことは，後方照応（cataphora）と呼ばれます。この両方の結束を見ていきます。

　さて，文法的な結束には，人称代名詞，指示代名詞，比較語（comparison），定冠詞などが使われます。語彙的な結束は，同一語の繰り返し，類義語，上位語や下位語などを活用して作ります。

1 ❖ 文法的結束

　まずは文法的な結束から説明します。これは英語の文法的な規則で結束を作るものです。既にいくつか紹介しましたが，以下にまとめます。

- 人称代名詞　　人名 → he, she, they ...
- 指示代名詞　　物事 → this, that, these, those
- 比較語　　　　same, such, so, other, different
- 定冠詞　　　　a book → the book

(1) 人称代名詞

　人称代名詞は，前に述べた人物や団体の構成員を代名詞で言い換えて結

びつきを示すものです。例 **4-1** では，1 文目の a British woman を，2 文目の文頭のトピック She で言い換え，2 つの文は結束しています。
　4-2 は前文の The media を，続く文で They に書き換え結束しています。

4-1　I was a tour guide for <u>a British woman</u> in the city of Tokyo last year. <u>She</u> was very interested in Japanese culture and history museums.
（去年私は東京の市街で<u>英国人の女性</u>のガイドをした。<u>彼女</u>は，日本の文化や歴史博物館にとても興味を持っていた。）

4-2　<u>The media</u> are very influential in their way. <u>They</u> facilitate the spread of culture and lifestyle.
（メディアはその手法でとても影響力がある。<u>彼ら</u>は文化や生活様式を広めるのを促進する。）

(2) 指示代名詞

　指示代名詞は，前文の特定の記述や，文全体の内容を受け，次に続く文の文頭で結束を作ります。**4-3** は，人口の増加の著しい国があるという 1 文目の内容を，2 文目の文頭の This で受け，結びついています。
　次の **4-4** では，1 文目の後半にある，新しい体験や技術を学ぶ機会という内容を，続く文の文頭にある These で結び，流れを作っています。

4-3　In some countries the population is increasing surprisingly rapidly. <u>This</u> is especially true in emerging countries in Asia.
（いくつかの国では，人口が驚くほど急に増加している。<u>これ</u>はアジアの新興国では特にあてはまる。）

4-4　Colleges offer the opportunity to have new experiences and to learn essential skills. <u>These</u> are reasons why people attend colleges.
（大学は新しい体験をしたり，必須の技術を学ぶ機会を提供する。<u>これら</u>が，人々が大学に通う理由だ。）

(3) 比較語

　比較語とは，前に記述された内容と，性質が似ていたり，異なったりする表現です。必ずしも同じ事象を言い換えてはいませんが，対比することで意味的に結びつけることができます。具体例で説明していきます。例 **4-5** は，前文に Some people という表現があり，続く文に others があり

ます。同じ内容ではなく，別の人々を意味しますが，some と対に使われることで2つの文に結束ができています。

4-6 は，1文目に公共の場所に醜い建物を建築する計画が記述されています。2文目の Such buildings は，同じ建物ではありませんが，そのような性質の建物という意味で関連があります。このように性質などを比較し，対比する表現を使うことでディスコースに流れができます。

4-5　Some people believe animal testing is necessary. However, others are upset by what they see as needless suffering.
（何人かは動物実験は必要だと信じている。しかし，他の人々は，必要のない苦痛と見なして立腹している。）

4-6　Our local government plans to construct ugly buildings in a public space. Such buildings can be a waste of public money.
（我々の地元行政は醜い建物の建設を計画している。そのような建物は公共の資金の無駄遣いになる可能性がある。）

(4) 定冠詞

ライティングの学習で難しいのは冠詞の使い方と思われます。結束で特に重要なのは定冠詞の the で，これにより読者に既知情報のシグナルを送ることになります。前述の情報との結束の方法に焦点を当て，その代表的な役割を詳しく見ていきます。さて，次の（　　）に入る冠詞は何でしょう。

4-7　I think (　　) dog is cute.

実はこの1文だけでは，a も the も入る可能性があります。不定冠詞 a が入ると，書き手は，犬はかわいいと一般的に考えていることになります。一方 the の場合は，書き手と読者は「特定の犬を共に知っている」という前提があり，その犬についての記述です。定冠詞はこのように，書き手と読者が共有する知識（shared knowledge）に関するシグナルとなり，それが読者に既知の情報であることを示します。

以下がこの共有する知識を示す the の代表的なものです。
　(1) ディスコースで既に述べたこと：前方照応
　(2) 直後にそれについて述べること：後方照応
　(3) 状況から判断して，知識として共有していること

4章　ディスコースを結束させるストラテジー　35

(1)の前方照応は，文の結束を構築する際に頻繁に使われます。これは a dog → the dog のように前述の語に直接 the を付け，同じものであることを示します。また，関連する語に the を付けて結束させることもあります。たとえば，international organizations → the firm などがこれにあたります。これは，国際的な組織について，その特定の例としての企業ということで，the firm と定冠詞を付けるのです。

　(2)の後方照応は，**4-8** の例のように，the が以下に続く情報を特定するものです。ここでは，subtle message は，that の後に続く内容を示すことを，定冠詞の the で示しています。

4-8　Those visitors cannot understand the subtle message that the Japanese are sending.
　　　（あの訪問者たちは，日本人が送る微妙なメッセージを理解できない。）

　(3)は特定の状況で当然と思われる事象に関する使い方です。また，国や世界，宇宙で広く共通認識している事象や，他にない唯一のものにも使います。次の **4-9** では，税金を取るのは「政府」という共通概念があるので定冠詞の the を使います。

4-9　If you pay more money than you owe, the government will issue you a tax refund.
　　　（支払うべき額以上の支払いには，政府が税金の還付を行うだろう。）

　さらに，下の例のように，状況的に唯一と考えられる最上級や序数，限定用法の形容詞を伴うなど，唯一性を示すものにも the を付けます。

- 最上級：the best, the most important
- 序数：the first, the second
- 限定用法の形容詞：the only

　他にも by the way など特定イディオムや，物事の総称を表すものに the が付きます。**4-10** はニュース番組の総称として使う時の定冠詞の the です。

4-10　I always watch the news on TV.
　　　（私はいつもテレビでニュースを見る。）

(5) 冠詞の考え方

　学習者が苦手とする冠詞について，さらにまとめて説明したいと思います。まず重要な点は，冠詞の決定はメッセージを送る書き手によってなされていることです。定冠詞によるディスコース各文の結束の構築には，前方照応の the の活用が中心となります。the は，書き手と読者の「共有の知識・特定の話題」へのシグナルという点を意識することが重要です。

　この冠詞活用への意識化は，名詞との関連で行うとわかりやすくなります。名詞のすぐ前には，「限定詞 (determiner)」を入れる場所であるスロットがあります。限定詞とは，冠詞や所有代名詞，指示代名詞などで，ディスコースにおいて，その名詞の特定の役割や意味を決定するものです。以下のような形を覚えておいてください。

　　　[　限定詞　] 名詞

　たとえば前述の例 4-7 I think (　　) dog is cute. の場合，(　) には冠詞の a, the や，所有代名詞の my, your，指示代名詞の this, that などが入ります。ディスコースにおける，その名詞の役割や意味を明確に決定します。この限定詞の代表的なものが冠詞となります。

　代名詞など他の限定詞がない場合，この [　　] の位置に，a, the, φ (ゼロ冠詞) が入ります。φ のゼロ冠詞とは，スロットに何も入ってないということです。これを次ページの表 4-1 にまとめています。推敲する時に，最初は全ての名詞を確認し，限定詞を決めます。特定の名詞は，可算か不可算かどちらで書いたのかを確認します。もし可算名詞であれば，単数か複数どちらで使うのか考えます。

　単数で，読者と共有している情報でなければ a / an を，共有していれば the をスロットに入れます。複数で使う場合，読者と共有の知識には the を入れ，そうでない場合は φ となります。不可算名詞も同様に読者と共有している時は the で，そうでない場合は φ となります。

　それでは，例文 4-11 の (　) にはどのような冠詞が入るでしょうか。

4-11　After the parties in (　　) negotiation have developed (　　) relationship, the discussion can resume smoothly.

　実は，伝えたい意図に応じて，異なる冠詞になります。可算名詞の単数

4章　ディスコースを結束させるストラテジー　37

が（　）の後にあるのでφは入りません。共に a にすれば一般的な交渉に関する傾向的な話となります。一方，共に the にすると，読者と共有している情報ということです。既に具体的な特定の交渉が前に記述されていたり，読者がその交渉を知っていたりすることになります。

表 4-1　冠詞の使い分け

条件			冠詞
名詞	可算	単数 一般	a / an
		単数 共有・特定	the
		複数 一般	φ
		複数 共有・特定	the
	不可算	一般	φ
		共有・特定	the

ポイント
- 推敲の際は，全ての名詞の前を確認する。
- the は読者と共有の知識を示すシグナル。

2 ❖ 語彙的結束

以下が語彙的結束の代表的なものとなります。
- (1) 同語　　　例：a cat → the cat
- (2) 類義語　　例：team → party
- (3) 派生語　　例：research → researchers
- (4) 上位語　　例：oak → tree
- (5) 下位語　　例：animal → cat
- (6) 一般語　　例：thing, stuff

(1) 同語

これは文字どおり，同じ語を繰り返すものです。前節で確認したように，2回目以降は，定冠詞を付けて同じものであることを示します。

(2) 類義語

前述した語と同じ意味や，似た内容の語を使うことで文の結束を作ることができます。例 **4-12** では，1 文目に University があり，続く文で，Higher education という類義語があり，文に連続性ができます。同じ語を繰り返すより，類義語などで言い換えるのは少し高度な語彙力が必要です。しかし，シソーラス（thesaurus）といった類義語辞典を活用すると比較的容易に書き換えができるようになります[1]。

4-12 University can be the turning point of one's future. Higher education provides people with a lot of opportunities to learn skills to help them attain their life goals.
（大学は将来の分岐点になる可能性がある。高等教育は，人生の目標を達成するために役立つ技術を学ぶのに多くの機会を提供する。）

(3) 派生語

派生語は，語幹の基本形に接頭語や接尾語が付き変化したものです。品詞が変わることもありますが，元の意味は関連があり，前述の語の派生語を使うと文同士の結束ができます。**4-13** では，前文にある Scientific の派生語の Scientists を後続の文でトピックに使い，文が結束しています。

4-13 Scientific progress has brought us many advanced machines such as computers. Scientists try to solve serious social problems to improve our society.
（科学の進歩はコンピュータのような多くの高度な機器をもたらした。科学者は常に社会の改善のため，深刻な社会問題の解決に取り組む。）

(4) 上位語

上位語は，前文の特定の語彙を，それが属するグループや，分類の上位概念の語を使い結びつけます。**4-14** の 1 文目にある Kyoto は，歴史のある町の 1 つです。historical places は，京都など古い町が属する上位の概念と言えます。同じ言葉でなくても関連性があり，結束ができます。

---

[1] シソーラスでは，以下の本が役に立つ。
Roget's Thesaurus of English Words and Phrases

4-14　She is from Kyoto. Such historical places attract many visitors from overseas.
（彼女は京都出身だ。そのような歴史のある場所は海外から多くの訪問者を惹きつける。）

(5) 下位語

　下位語は，上位語の反対で，グループの下位に属する概念で言い換えるものです。4-15 では，初めの文にある the public transport の 1 つである，The bus service を 2 文目のトピックにすることで結びつきができています。

4-15　Many visitors like the public transport here. The bus service is quite regular.
（多くの訪問者はここの公共交通機関が気に入る。バスの運行は，とても規則正しい。）

(6) 一般語

　一般語による文の結束とは，thing や stuff など一般的なことを意味する名詞を使い結束を作ります。4-16 では，1 文目の lessons に関連した，things を使うことで，2 つの文の関連性ができます。

4-16　Many life lessons are learned by experience. However, a lot of other important things can be learned from books.
（人生の多くの教訓は経験によって学べる。しかし，多くの他の重要なことは本からも学ぶことができる。）

　次のパラグラフがいかに結束を実現しているのか考えてみましょう。

4-17　International organizations need effective communication at a number of levels. The company has to communicate with its workforce, customers and suppliers. Effective communication among people from the different culture is difficult. For example, good communicators in the United States are supposed to say what they mean as precisely as possible. They should send verbal messages explicitly. Speech pattern in some other cultures are

more ambiguous and implicit.
(国際的組織は，多くのレベルで効果的なコミュニケーションが必要となる。企業は労働者，顧客，納入業者と対話しなければならない。異文化間での効果的なコミュニケーションは困難である。たとえば，米国の優れた対話者は，できるだけ正確に必要事項を伝えることが求められる。彼らは，口頭メッセージを明白に送らなくてはならない。だが他国では，より曖昧で示唆的である。)

4-17の結束を確認してみます。図4-1のように，様々な結束のストラテジーが活用されています。トピックセンテンスのテーマは，「国際的な組織」で，それには「効果的なコミュニケーションが必要」とリームに記述があります。2文目のトピックはThe companyで最初の文にあるInternational organizationsの類語になっています。3文目のトピックはEffective communicationで，トピックセンテンスのリームにある語と同一です。For exampleで始まる4文目のテーマにはgood communicatorsがあり，3文目のEffective communicationの派生語となっています。5文目のトピックTheyは，前文のgood communicators in the United Statesを受ける人称代名詞です。最終文のトピックSpeech patternは，トピックセンテンスにあるcommunicationの下位語となっています。

図4-1

第1文　International organizations ...　　effective communication ...

第2文　The company（定冠詞と類義語）

第3文　Effective communication　（同一語）

第4文　good communicators　（派生語）

第5文　They（人称代名詞）

第6文　Speech pattern（communicationの下位語）

4章　ディスコースを結束させるストラテジー　41

実際のパラグラフは，この章で紹介した，様々な結束のストラテジーを使い，互いに結びついています。このため，ディスコースに流れがあり，内容に首尾一貫性があるので読みやすくなっています。
　重要な点は，後続の文の始めの方にトピックセンテンスや，前方の文と関連した既知情報のトピックを置いて結束させ，読者を誘導することです。

読者中心のディスコース・ストラテジー③
- 文法的・語彙的結束で各文を結ぶ。
- the は読者と共有の知識を示すシグナルとなる。
- 推敲の際は，全ての名詞の前を確認する。

練習問題 1
次の各文で冠詞の抜けているところを補いなさい。
(1) In some cases, novelist can reasonably expect some government support. If writer has already proved that he can write well, then some financial help might be given.
(2) The position of women in society has changed dramatically in last decade. However, I do not think that this is direct cause of the increase in youth crimes.

練習問題 2
次の各文はどのようにして結束を作っているか説明しなさい。
(1) Authors should spend more time improving the quality of the language they use. For example, they should use good grammar and a wide vocabulary. Such a writing needs to be encouraged at school.
(2) Very tall buildings are prohibited in Paris in order to preserve the scenery. However, other cities allow buildings of any height and encourage creativity in architectual design.
(3) A university education usually makes it possible for graduates to get a good job. After a four-year study, it is not difficult for them to find an ideal job in most cases.

5章 メタディスコースで読者を誘導

この章で学ぶこと
- メタディスコースで流れを切り注意を喚起する方法
- メタディスコースの種類を理解する

ディスコースに流れを作り読みやすくするために，どのように情報を結びつけて一貫性を作るか確認してきました。しかしそれだけでは，読者を説得できません。この章では，反対にその流れを切ることによる効果を考えます。流れが途絶えると，読者の注意を引きます。これが，文頭のメタディスコースの使い方で，読む人をうまく誘導し，理解を深める手助けをします。パラグラフのライティングでは，とても重要で便利な項目です。

1 ❖ 文頭のメタディスコースの役割

1章で見たように，読み方の案内をする方略がメタディスコースです。「メタ」は1つ上のレベルという意味です。後続の情報とは直接関係はありませんが，その内容に関して強調し予告をする特定の表現です。メタディスコースには様々な表現があり，文中でも使われます。しかしパラグラフを書く際は，意図的に文頭に置くものが最も有効です。

送るメッセージへの理解度は，読者が情報をどれだけ記憶できるかに依存します。この記憶という観点からライティングの構成を考えてみます。

認知言語学の知見では，人間の記憶に影響を与える主要因には「頻度 (frequency)」と，「際立ち (salience)」があります。何度も繰り返される情報や，注意を喚起する情報は，記憶しやすいと考えられます。

前章では，パラグラフのトピックセンテンスで提示された情報が，既知情報として，各文の文頭で繰り返されることを見ました。これは，まさに頻度による理解の促進です。1つのまとまりの中で，同じ情報を何度も読むので統一性ができ，読者は重要な話題を記憶しやすくなります。

実は，際立ちを作るのも，やはり文頭にある情報です。前方と結びつくはずの文頭に，別の情報が来て流れを遮断されると，読者の注意は喚起さ

れます。このように，情報をうまく操作し読者を誘導するものが文頭のメタディスコースです。特定のシグナルを置き，送りたい情報を読者に際立たせるストラテジーとして使われます。具体例を見ましょう。

5-1 <u>Children</u> living in a big city like London have a lot of advantages. <u>For example</u>, they have more opportunities for cultural experiences such as visiting museums and attending concerts.

　最初の文に，大都市に住む子どもには多くの利点があることが記述されています。続く文は，その具体例です。文頭に For example があり，前文と結束する既知情報トピックの they が文頭に来ていません。読者は 1 文目から，2 文目にスムーズな移動ができず止まります。しかし，そこに具体例を示すメタディスコースがあるため，後には例が続くと理解し，読み続けられます。流れを切り，予告する次の情報の内容が際立つのです。

　メタディスコースは，特に学術論文の執筆で役立ちます。研究成果の提示は一般に複雑で，多くの情報があるため読者の誘導が一層必要です。次の **5-2** は研究の報告です。第 1 文は，カルシウムの消費を増やすと高血圧のリスクが減る，という内容です。続く文のトピック one study は，前文の Recent studies と結束しているので，For instance がなくても文は続きます。しかし，このメタディスコースを文頭の位置に置くことで既知情報がずれ，流れが一旦途切れます。結果的に，読者に前文の主張を裏付けるための具体例が続くことを際立たせることができます。

5-2 <u>Recent studies</u> have shown that increasing your calcium consumption may lower your risk of hypertension. <u>For instance</u>, one study of pregnant women suggested that high blood pressure was associated with low calcium intake.
（最近の研究では，カルシウムの消費を増やすと高血圧のリスクが減ることが示された。<u>たとえば</u>，1 つの研究では，妊娠中の女性の高血圧と低カルシウムの摂取との関連が示唆された。）

　このように読者を誘導するために流れを作ったり，切ったりするストラテジーが研究論文ではどのように使われるのでしょうか。掲載が難関とされる科学誌の論文 100 本を収集し約 50 万語のコーパスを作り，書き手独

自の主張が最も重要な Discussion の章で検証してみました。

　各パラグラフのトピックセンテンスの後の 1,481 の節において，7 割以上の 1,041 節が既知情報のトピックで始まり，情報の繰り返しで流れを作っていました。残りの 440 節のうち 83％ 以上の 367 節の文頭にはメタディスコースがありました。合計すると 95％ 以上の節が，文頭で結束を作る，または後続の内容の明確なシグナルを送る形で構成されていました。このように研究論文では，情報の位置の操作が重要な要素となります。特にメタディスコースが読者を誘導する役割は顕著です。

2 ❖ メタディスコースでどのようなシグナルを送るか

　ライティングは車の運転にたとえられます。一定の規則に沿って読者を導き，適切な時に，適切なシグナルを送る必要があります。スムーズな運転とは，文や節を既知から新規の情報に並べ流れを作ることです。シグナルを送るのが，文頭のメタディスコースです。これを使えば注意を引き，後に続く情報を際立たせる合図となります。このようなメタディスコースは，主に以下の3つに分類されます。

- 接合表現：接続詞，接続副詞など
  例) Therefore, However, For instance, First
- 筆者の態度・コメント：後続の情報への考えや判断の示唆
  例) In my opinion, It is widely assumed
- 注意の喚起：読者への直接の働きかけ
  例) As you can see, Consider now, It 構文, There 構文

2-1　接合表現

　前節で示した学術論文のコーパスの検証では，文頭のメタディスコースにおいて，接合表現の使用が約6割と，最も頻度が高いものでした。また，外国語学習の統一基準を表す，ヨーロッパ共通言語参照枠（CEFR）に基づくテキストでも，レベルが上がるごとに，これらの使用が多くなる傾向にありました。

　接合表現は，このようにライティングでは特に重要なものなので，その活用方法を詳しく見ていきます。接合表現は，一般にディスコースマー

カー（discourse marker）と呼ばれるものです。これらは，以下の5項目の表現に分類されます。

  （1）反意的（contrastive）
  （2）付加的（additive）
  （3）時間的（time）
  （4）因果的（causal）
  （5）結論（conclusion）

(1) 反意的

　反意的メタディスコースは，たとえるなら車のブレーキのようなものです。前の文とは，異なる観点の情報を伝えるため，読者の注意を喚起する必要がある時に使います。「ここから，反対の重要なことを述べるので気をつけて」という合図になるのです。以下がよく使われるものです。

  However, But, Nevertheless, Nonetheless

　これら以外にも On the other hand, In contrast 等があり，全く正反対の事象や意見を表現する時に使われます。
　前述の研究論文コーパスで頻度が最も高いのは However で，4割近くを占めます。Nevertheless, Nonetheless, But の使用はあまり多くありません。
　例 5-3 では，前文と結束する情報の2文目のトピック they が文頭にありません。However で始めることで流れが遮られ，読み手は注意を喚起されます。後続の内容は前文とは異なる見解であることを予告できます。

5-3 Young people often forget about our customs and traditions. However, they should remember the precious traditional values in our society.
　　（若者は，しばしば我々の習慣や伝統を忘れる。しかし，彼らは我々の貴重で伝統的な価値観を覚えておくべきである。）

　例 5-4 では，「ロシアのマスコミが日本の政策の悪影響を責めた」，だが「それに対する日本大使館への抗議行動は盛り上がらなかった」という反意的な記述の情報が続きます。この場合，前文全体の内容に反する内容が来ることを，However を文頭に置くことによって強調しています。

5-4 The Russian press began blaming the negative impact of Japan's new policy. However, only a few people gathered outside the Japanese Embassy in Moscow to protest the new policy.

But は文頭で使用しない方がよいと習った方がいるかもしれません。しかし，ネイティブの書いた英文でも，しばしば使われます。何度も反意的な表現を使う時に，繰り返しを避けたり，情報を際立てたりする時に使われます。例 5-5 を見てみましょう。1 文目では，メディアの有効性が当然視されていることを述べています。2 文目では，その過度の依存がもたらす課題を提示しています。この反意的な記述をより際立たせるために，But で始めることで，前文と結束する in our dependence on the media が文頭の位置からずれています。

5-5 The usefulness of the media is taken for granted. But in our dependence on the media we tend to allow them to shape our opinions of specific events.
（メディアの有効性は当然のように考えられている。だが，それへの依存により，特定の事件に対する我々の意見を形成してしまう傾向がある。）

However や But 以外にも Nevertheless, Nonetheless なども反意的な表現ですが使用頻度は低くなります。5-6 では，2 文目は最初の文の反意的な内容のため Nevertheless が使われています。メタディスコースが文頭にあり，読者に明確なシグナルを送っていることになります。

5-6 I agree that advances in technology have brought about many benefits for the modern world. Nevertheless, technology has some negative side-effects.
（技術の発展は現代に多くの利益をもたらしたことには同意する。しかしながら，技術にはよくない副作用もある。）

TOEFL や IELTS では字数制限があり，On the other hand や In contrast のような，全く正反対の意見を示す表現を使う機会は多くありません。解答例などを集めたコーパスでも，例は少ししかありませんでした。5-7 の 1 文目は女子，2 文目は男子に関する話題です。このように文頭に

メタディスコースを置くと，反対情報のシグナルを送るのに有効です。
　In contrast は，文の長い論文では使われることも多く，前述の研究論文のコーパスにおいて，文頭の反意的用法の1割を占めていました。

5-7　Girls tend to learn about caring from the very beginning of their lives. In contrast, boys learn competitive roles in society.
　　（女子は，生まれてすぐに人の面倒を見ることを学ぶ傾向がある。これに対して，男子は社会において競争する役割を学ぶ。）

(2) 付加的
　付加的表現には，In addition, Moreover, Furthermore, Further があります。これらは，主張をより明確にするため，前の文に情報を加え強調するものです。ディスコースの流れを前進させるもので，車の運転ではアクセルのような役目と考えられます。また，前文の具体例として付加的な情報を述べるには，For example や For instance が使われます。
　例 5-8 では，1文目でサッカーのワールドカップの利点を述べています。2文目では，それにさらなるメリットを付け加えています。このように文頭に Moreover があれば，情報を一層強調することができます。

5-8　The Football World Cup proves how sporting events can bring nations together. Moreover, such popular events provide economic benefits in some emerging countries.
　　（サッカーのワールドカップは，いかにスポーツ行事が国民を1つにするかを証明している。さらにそのような人気の行事は，新興国にも経済的利益をもたらす。）

　例文 5-9 は，カルシウム不足の悪影響について，さらなる骨の弱体化の危険性を追加し意見を強めています。

5-9　If you're consuming only the average amounts of 450 to 550mg a day, you're in danger of losing bone mass. Furthermore, you are putting yourself at greater risk for a progressive weakening of bones.
　　（もし，1日に平均450から550mgしか摂取しなければ，大量に骨を失

う危険性がある。さらに骨の弱体化をかなり危険な状態にしている。)

以上のように，さらなる情報を加えて，議論を補完したり，強調したりする際のシグナルとして，このメタディスコースは使われます。

(3) 時間的

時間的表現は，話題の順番や，手順などを示します。今議論している内容が，全体においてどの位置にあるのか明確にするものです。ドライブにたとえるなら，運転中に車の位置を的確に伝える交通標識と考えられます。代表的なものは序数を使った表現の First, First of all, Second などです。また，議論の起点を示す Here なども使われます。この中でも Finally や And lastly などは，主に文頭で使われます。これらは，最後の観点や論点を強調するために使われます。

5-10 は，最初の文で良い点，悪い点を述べると伝えています。2文目の文頭の First of all で，本格的な議論が始まることを明示しています。

5-10 Here I discuss the pros and cons of this issue. First of all, social welfare is an important element of an advanced society.
(ここから，この問題に関する良い点と悪い点を述べる。最初に，社会福祉は先進社会の重要構成要素だ。)

また，順序を伝える表現は，特定の情報の全体における位置関係を明示するため，複数のものを合わせて使われることが多くなります。5-11 は，新工場の設営による町へのいくつかのメリットを順番に提示しています。こうすれば，読者は今どの位置にいるかがわかりやすくなります。

5-11 There are some advantages of having a new factory in this town. First, it boosts regional economic growth ... Second, it can offer people more job opportunities ... Finally, it can raise the local standard of living.

TOEFL や IELTS などのライティングでは，自分の意見を順序立てて説明する必要があるので，これらの時間的表現はとても有効です。

(4) 因果的

　因果的表現は，Thus, Therefore, Consequently, As a result などがあります。因果関係など，前の内容から導かれる結論などをまとめるシグナルとなります。車の運転にたとえると，徐々にブレーキを踏んで，1つの議論の終点を示すものと考えられます。**5-12** は，導き出される結果が後に続くことを，Thus で読者にシグナルを送っています。**5-13** では Therefore を活用しています。

5-12　<u>Thus</u> students can appreciate the complex but crucial contributions of education in all its forms to modern societies.
　　　（<u>このように</u>，学生は，教育がすべての形で現代社会にもたらす，複雑だが必須の貢献の良さがわかるであろう。）

5-13　Lastly, populations always continue to grow in cities. <u>Therefore</u>, the number of available apartments decreases, which causes housing problems.
　　　（最後に，都市では常に人口が増加し続ける。<u>このようなことから</u>，入居できるアパートの数は減り，住宅問題を引き起こす。）

(5) 結論

　まとめになる箇所に，結論のメタディスコースを使うと読みやすくなります。ドライブでは，最終目的地を示すものです。以下が主な例です。

　In conclusion, To conclude, To sum up, In brief, In summary

　頻度の高いのは，**5-14** のような In conclusion で，TOEFL や IELTS では最もよく使われます。議論が最終段階であることを示せます。**5-15** のように In summary を使うこともあります。1つのエッセイでこれらを使うのは1回程度なので，どれを使うか決めておくとよいでしょう。

5-14　<u>In conclusion</u>, the best teachers tend to have the greatest emotional investment in their students' futures.

5-15　<u>In summary</u>, because of the advanced facilities, living in big cities is much better than living in the countryside.

読者中心のディスコース・ストラテジー④

- 情報の流れを切ることで読者の注意を引く。
- 文頭のメタディスコースで読者を誘導する。
- ライティングは，情報を結びつけスムーズに流し，車の運転のように適切なところで効果的なシグナルを送り，伝えたい情報を際立たせる。

練習問題

1. (　) に合う最も適切なメタディスコースを下から選びなさい。

    (　1　), the government should make relevant education available. (　2　), it can only do so with financial assistance. (　3　), I think we need to support public education by paying taxes.

    > a. Therefore   b. First of all   c. However

2. (　) に合う最も適切なメタディスコースを下から選び，なぜそれが適切か説明しなさい。

    Some people say that working for a large company brings many benefits. (　1　), employees can feel more secure because of the company size and financial stability. (　2　), they can enjoy higher salaries and decent fringe benefits. (　3　), they can have more opportunities to experience a variety of positions. (　4　), there are some disadvantages of working for a large company. (　5　), employees have less chance to be promoted because of high competition. (　6　), small businesses may offer more chances for promotion. Small businesses also offer a friendlier working environment for their employees. (　7　), you need to choose the company size that is the best fit for you.

    > a. In conclusion   b. For example   c. Furthermore,
    > d. In contrast   e. Second   f. However   g. First

6章 文頭のメタディスコースの活用法

この章で学ぶこと
- 筆者の態度・コメント，注意の喚起のメタディスコース
- メタディスコースの選び方

前章では，接合表現を文頭に置き，読者を誘導する方法を確認しました。この章では，筆者の態度・コメント，注意の喚起のメタディスコースの使い方を確認します。さらに，特定のメタディスコースを選択する際の「際立ち」の効果について確認します。

1 ❖ 際立ちのメタディスコース

接合表現は，文頭で情報の流れに関する明確なシグナルを送る最も多用されるメタディスコースです。これには，(1) 反意的，(2) 付加的，(3) 時間的，(4) 因果的，(5) 結論の5種類がありました。これらいくつかの表現を，どのように使い分けるとよいのでしょう。同じメタディスコースでも，シグナルの送り方に違いがあります。前述の，50万語の科学論文コーパスの Discussion での使用頻度には，明確な特徴がありました。

1-1 反意的用法

次ページ表 6-1 は科学論文における反意的表現の使用頻度です。コーパス全体で，However の使用は 37 ありました。この中で，文頭での使用が 31 と多くなっています。この However と似た意味を持つ Nevertheless や Nonetheless は，文頭の使用がそれぞれ3回と頻度が低くなっています。実は，これも読者を誘導するストラテジーの1つなのです。

英語で際立つ語句の特徴は，使用頻度が少なく，しかも長いものです。珍しい語を見ると，読者は注意を喚起されます。また，長い語句の方が読む時間がかかり，そこに注意が向きます。つまり，後に反意的な意味が続く場合に，使用がまれな Nevertheless を置くと情報が際立ち，そこを読者にアピールでき，より効果的なのです。

表 6-1　反意的表現の使用頻度（＊：文頭で使われるのが顕著な表現）

順位	反意的	文頭	全体
1	However	31*	37
2	In contrast	10*	12
3	But	3	53
4	Nevertheless	3	6
5	Nonetheless	3*	3

　次の例文では，議論の重要な点である，画家の夢や想像からアイディアが生まれるという結論へ誘導するために Nevertheless が使われています。これは長く，まれな表現なので，一層読者の注意を喚起できます。

6-1　People consider his paintings to be classically inspired because many of them deal with traditional themes. Nevertheless, his ideas for paintings are not generated exclusively from classical sources; they are also inspired by his dreams and imagination.
（彼の絵画の多くが伝統的なテーマを扱っているので、古典に影響されていると考えられている。しかしながら，彼の絵画は，古典の起源に限られたものではなく，自分の夢や想像による発想もある。）

　使用語句の多様性という観点から，同じ表現を避けることも考慮します。その際，However に似た意味を持つ In contrast や Nevertheless を使います。しかし，これらも多用するとあまり効果がなくなります。このような場合，通常は文頭であまり使われない but を文頭に置くと，珍しい使用法のため読者は注目します。表 6-1 のように，but は文頭での使用は極めて少ないです。例文 6-2 では，ブッシュ大統領への否定的なコメントを続ける際に，まれな用法の But で始め，注意を喚起しています。

6-2　But that is the sad and angry side of President Bush.
（しかしあれはブッシュ大統領の悲しむべき，怒りを覚える側面だ。）

1-2　付加的用法

　研究論文のコーパスで最も頻度の高いのは，In addition であり，その

6 章　文頭のメタディスコースの活用法　53

多くは文頭で使われていました。具体例の付加的情報を示す For example は，文頭だけでなく文中でも使われます。一語の長い Moreover や Furthermore の使用は少なく，文頭に置かれることが多くなります。

表 6-2 付加的表現の使用頻度（＊：文頭で使われるのが顕著な表現）

順位	付加的	文頭	全体
1	In addition	13 *	16
2	For example	8	15
3	Moreover	6 *	6
4	Further	5	33
5	Furthermore	5 *	5

6-3 では，年を取った人が社会に貢献できる理由を付け加えるため，2 文目の文頭に In addition を使い，付加情報のシグナルを送っています。

6-3　Old people can be a great help to their children. In addition, younger people can benefit from the experience and wisdom of older people.
（年を取った人は，彼らの子供たちにとって大きな助けになれる。さらに，若者は年を取った人の経験や知恵から恩恵を受けることができる。）

1-3　時間的用法

　時間的用法は，文頭以外でも使われます。しかし次ページの表 6-3 でわかるように, Finally や And lastly は，主に文頭で使われます。これらは，議論の最終地点ということを読者に，より明確に示す必要があるため文頭で使われます。中でも，長い表現の And lastly は低い頻度です。

　例 6-4 のように，文頭に And lastly を置くことで，最後の重要な情報を述べていくことを明示することができます。

6-4　And lastly, students can develop cross-cultural skills through interaction with international students.

(そして最後に，学生たちは，海外から来た学生たちと交流することで異文化交流の技術を身に付けることができる。)

表6-3　時間的表現の使用頻度（＊：文頭で使われるのが顕著な表現）

順位	時間的	文頭	全体
1	Finally	9＊	11
2	First	8	40
3	Second	7	22
4	Here	4	29
5	And lastly	2＊	2

1-4　因果的用法

　因果的表現も同様に，際立ちのストラテジーが活用されます。表**6-4**のように，長く複雑な語句ほど，文頭での使用頻度も少なくなっていました。通常はThusなどを使い，繰り返しを避ける時に他の表現を使うことも可能です。またConsequentlyを使えば，情報がかなり際立ちます。

表6-4　因果的表現の使用頻度

順位	因果的	文頭	全体
1	Thus	8	21
2	Therefore	4	10
3	Consequently	2	4

　次の例のように，Consequentlyは，結果として述べたいことが，特に強調する内容である場合に使われています。

6-5　Consequently this must be the roughest, toughest inquiry ever by a British Government.
　　（結果として，これは英国政府による最も乱暴で厳しい調査だ。）

　以上のようにメタディスコースの接合表現は，文頭で読者を誘導する時に，後続の情報への特定のシグナルを送ります。この際，その語句の長さ

と使用頻度により，送る合図にも差があることがわかります。たとえば，反意的用法はブレーキという比喩を紹介しました。通常，よく見慣れたHoweverのような軽いブレーキを踏みスピードを緩めます。時には，Neverthelessという急ブレーキを踏み，そこを読者により強調します。

また，目的地を示す因果的用法も同様であり，途中の小さな目的地である情報にはThusなどでシグナルを送ります。そして，大切な目的地にはConsequentlyなどで合図を送ります。

2 ❖ 筆者の態度・コメントを示すメタディスコース

文頭で特定の表現を使い，書き手の意図を前もって示すメタディスコースがあります。ドライブの際に，車窓の景色を予告するようなものです。これは特定の事象に対する書き手の立場を伝えるもので，一般に「スタンス (stance)」と定義されます。スタンスは，書き手が自分の気持ちや態度，価値判断や評価を表すものです。代表的な例を見てみましょう。

2-1　予期しない結果や否定的内容の提示

これにはUnfortunatelyなどが用いられます。

例として**6-6**のように，書き手がよくないと考える内容が続くことを読者に示します。この文では，子供がテレビで見た暴力を真似するというような，望ましくない内容があることをあらかじめ伝えています。

6-6　Television programs often portray violence. <u>Unfortunately</u>, children tend to imitate the action they see on their television screens.

2-2　特記すべきこと，興味深い発見や報告の示唆

Interestingly, Remarkablyなどが挙げられます。

これらは，どちらかと言うと肯定的な内容で，読者にも知っておいてほしい情報が後に続くことを暗示します。

2-3　話題の一般化や特定化

In general, In particularなどの例があります。

これは，読者に報告する内容が，一般化できることか，または特定の事

象として記述することか明示します。6-7 では，外国語を自国でも学べることは一般的な事実だという筆者の考えを伝えています。

6-7　<u>In general</u>, a reasonable level of foreign language skill can be achieved in one's own country.

2-4　類似性や代替性

Similarly, Alternatively などを用います。

これは，後に続く内容が，前文と類似した内容なのか，代替とすることなのか，あらかじめ読者にシグナルを送ります。6-8 では，前の記述の内容と同様なことが，続く文でも言えることを，あらかじめ伝えています。

6-8　<u>Similarly</u>, international business events provide benefits in many emerging countries.
　　（同様に国際的な商業イベントは多くの新興国で利益をもたらす。）

2-5　書き手自身の提案や見解を示す

これは，書き手の意見や見解を，より明確に伝えたい時に使います。下のように We を使い，我々という記述で読者を巻き込みます。書き手と同様に，読者も内容を支持したり，理解したりするように誘導します。

- 提案　　We propose, We suggest
- 結論　　We conclude
- 強調　　We believe, We should remember

6-9 では書き手の意見について，読者もその内容を覚えておくことを期待しています。We で始め，読者が内容を支持するように暗示します。

6-9　<u>We should remember</u> that some students benefit more from a vocationally based education.
　　（何人かの学生は職業に基づいた教育から，より多くの利益を得ることを，我々は覚えておくべきだ。）

筆者の態度やコメントを表すメタディスコースは，文頭に置くことで事前に書き手の考えを示し，読者を誘導するのに有効です。主張内容に関するシグナルを送り誘導すると意図がわかりやすく伝わります。

3 ❖ 注意を喚起するメタディスコース

特に読者の注意を喚起したい場合，特定のメタディスコースを文頭に置きます。記憶してもらいたい大切な情報に対して注目させ，時間をかけて読ませます。運転に例えるとクラクションのような役割となります。

読者に対する直接の呼びかけや，特定の強調する表現が使われます。

3-1 読者への呼びかけ

このメタディスコースは，You などを使い，読み手に直接呼びかけます。読者が注意を払うので，その後に続く書き手の主張について説得しやすくなります。**6-10** では，You cannot deny that という強い呼びかけをして，これから続く主張の正当性を印象付けます。また，**6-11** は，読者が認識しておかなければならない点を明確にし，議論を進めていくのに役立つ表現です。ただし，読み手をかなり強く誘導しようとする方略なので，その後に続く内容に正当性がないと逆効果になります。

6-10 You cannot deny that there are many endangered animals.
（多くの絶滅の危機にある動物がいることを，あなたは否定できない。）

6-11 You should be sure that you own a car so that you can live comfortably in a small town.
（小さな町で快適な生活をするために車を所有することを，あなたは認識しておくべきだ。）

3-2 強調する表現を使う

特定の表現を文頭で使うことで，書き手の送る情報に注意を集めることができます。これには，次のようなものがよく活用されます。

Indeed, Of course, The fact that, The question is

6-12 では，良い状況の予測を，より強調するために，文頭にメタディスコースの Indeed を置いています。**6-13** は，The fact that が文頭にあるために読者の注意を喚起します。この部分がなくても，文の意味は成り立ちますが，メタディスコースがあれば，後続の内容がより際立ちます。

6-12　Indeed, the introduction of such a large company will improve the unemployment situation in this area.
(実際のところ，そのような大きな会社を誘致すれば，この地域の失業状況を改善するだろう。)

6-13　The fact that many students depend on our work makes us feel like we are doing worthwhile things.
(多くの学生が我々の仕事に依存しているという事実は，自分たちが価値のあることをしている，という気にさせてくれる。)

3-3　強調する構文を使う

長いメタディスコースを使うと読者が時間をかけて読むことになり，内容が際立ちます。It 構文のような強調する構文を使えば，これが可能になります。以下のように，様々な意味を加えることができます。

- 可能性　It is possible that ...
- 明白性　It is clear that ...
- 重要性　It is important to note that ...
- 困難さ　It is difficult to argue that ...

6-14 は，書き手が明白と考えている事象の記述があることを文頭のメタディスコースで伝えています。また，**6-15** は，重要な観点を読者に伝えることを，It is important to note that を置くことで強調しています。

6-14　It is clear that students go to universities to have new and valuable experiences.
(学生が新しく貴重な経験をするのに大学に行くことは明白である。)

6-15　It is important to note that animals should not be used for testing unless the testing is essential.
(注意を払うべきは，動物実験は必須の場合でなければ行うべきでないということだ。)

また，3章で確認したように，情報が文の後ろにずれる There 構文や，他の強調構文も注意を喚起する効果があります。**6-16** では，自明である点を強調するため，文頭に There is no doubt that が使われています。

6-16 <u>There is no doubt that</u> introducing a single global currency would make trade much easier.
（世界単一通貨の導入で，貿易がかなり容易になることは<u>疑いがない</u>。）

　以上のように，文頭のメタディスコースをうまく使えば，読者に自分のメッセージの内容を予告でき，読みやすくなります。しかし，逆に使い過ぎて，後ろに妥当でない内容を書くと，読者の理解の妨げになります。

読者中心のディスコース・ストラテジー⑤
- 使用がまれで長い語句はより情報を際立たせる。
- あらかじめ文頭で書き手のコメントを示唆する。
- メタディスコースで強調する箇所に誘導する。

[練習問題]

1. 空欄に入る最も適切なメタディスコースを下のa〜dから選びなさい。
　（　1　）every athlete will view each and every competition differently. （　2　），what is potentially stressful for one child will not be a problem for another. （　3　），there are similarities felt by all participants. （　4　），how can competitive stress be reduced?

a. It is clear that	b. The question is
c. Nevertheless	d. Consequently

2. 次の文で使われているメタディスコースの役割を説明しなさい。
　Unfortunately, many cities look very much the same these days. Indeed, many tall buildings are made of concrete and steel in the similar ways. However, cities should try to keep some individuality. In particular, cities should maintain their own character based on cultural diversity.

7章 時制で示す書き手のスタンス

この章で学ぶこと
- 書き手のスタンスを時制で伝える
- 伝達動詞の時制の使い方

　フィクションなどとは異なり，アカデミック・ライティングでは，自分の主張や発見の正当性について，読者をうまく誘導し説得する必要があります。このためには，取り扱うテーマに対する自分の立場をわかりやすく伝えなければなりません。前章で見たように，書き手の立場はスタンスと呼ばれます。スタンスは，言及した内容や成果に賛同したり，否定的な見解を示したりする時にも使われます。

　メタディスコース以外にも，スタンスを暗示的に表現する用法に，時制や法助動詞の活用があります。これらは，書き手の視点を読者に明確にして誘導する方略です。この章は特徴的な時制の活用に注目します。

1 ❖ 時制の表すもの

　時制（tense）には，大きくは，過去を表すものと現在を表すものがあります。未来は現在から見たこれからの予想です。物語などでは，一般に過去に起こった事象は過去の時制で報告し，現在のことを表現するのに現在の時制を使います。しかし，エッセイや研究論文は，書き手が調べた事項を報告し，研究の成果を伝えるのが目的です。このために，事象を読者に客観的に伝達する目的で時制を使い分けます。

　時制の先駆的な研究者 Comrie は，時制を，伝達者と伝える内容の時間的な距離（remoteness）の提示としています。また，この距離は時間だけでなく，伝達内容に対する修辞的なスタンスも暗示しています。

　たとえば現在時制（present tense）は，伝達者の目の前に概念的に存在している事象を表現し，自分の主張として，それにコミットしていること（commitment）も表します。つまり書き手の主張に近いものに言及する時に使用されます。一方，過去時制（past tense）は，伝達者との距離があり，

過去の一時期に存在したもので，今はそれほど書き手の立場に影響を与えない事象を示すことが多くなります。

　研究論文などの時制の使用法には，2つの時制の概念があります。1つは言及している研究が行われた時点の出来事としての時制です。もう1つは，それを書き手が読者に伝える時点での時制です。前者の場合，既に行われた実験や分析に関する記述は，過去時制を使用すると考えられます。しかし，書き手がその事象にコミットし，自分の研究スタンスと近い場合や，自分の主張をサポートする際は，現在時制で表現されます。

　後者の，書き手が読者に伝える時点の時制において，先行研究に対する評価や報告を行う際の単なる事象としての提示は，一般に過去時制を使います。さらに，先行研究に対してコミットしていない，またはネガティブな態度を示す場合にも過去時制は使われます。

　反対に，報告内容の重要性を示し，自分の主張を支持するものとして引用する場合は，現在時制を使う傾向があります。また，複数の先行研究を引用し，書き手が自分の研究分野の重要性を訴える場合は，現在完了の時制（present perfect tense）が使われます。表7-1のように，過去とそれ以外を区別し，前者はコミットしていない状況，後者は書き手の研究スタンスに近いことを示すと考えればわかりやすくなります。

表7-1　時制のまとめ

時制	出来事	報告
過去時制	●過去の一時点 ●現在は異なる事象	●コミットしていない ●賛成はしない
現在時制	●現在の一時点 ●習慣や普遍の事象	●書き手と同じ主張 ●普遍性がある
現在完了時制	●過去から始まり，現在も続いている事象	●複数の人も支持 ●客観性がある

2 ❖ 伝達動詞の時制

　書き手のスタンスを，時制を活用して表現するストラテジーが端的に表れるのは，伝達動詞（reporting verb）と呼ばれるものです。これは文字通

り，書き手が読者に特定の情報を伝えるもので，アカデミック・ライティングでは重要な役割を果たします。以下は，自然科学，社会科学，人文科学の，掲載が難しい学術誌の合計202本の論文によるコーパスデータの分析結果に基づいたものです。以下の(1)から(3)の各動詞の例はIntroductionの章から抽出したもので，頻度の高い順に並べています。

　伝達動詞は主に次の3つに分類されます。研究の手順や発見の報告（real-world verbs），筆者の事象等へのコメント（discourse verbs），言及した人の考えの報告（cognition verbs）です。研究論文で，先行研究を引用し，内容を報告する際のそれぞれの活用を見ていきます。

(1) 研究の手順や発見の報告（real-world verbs）
　これは，先行研究の中で行われた手順を報告したり，発見について述べたりするものです。以下が使われる頻度順に並べた動詞です。

　find, use, show, examine, demonstrate

　7-1では，書き手が支持する重要な内容を現在形で記述しています。自分の主張と同じ，重要な証拠の発見についての報告となります。

7-1　The authors find significant evidence for the impact of taxation.
　　　（著者たちは，課税のもたらす影響の重要な証拠を見つけている。）

(2) 筆者の事象等へのコメント（discourse verbs）
　この動詞は，書き手が報告する先行研究の結果が示唆することについて，何らかのコメントをするものです。次の動詞が順番によく使われます。

　suggest, argue, propose, describe, report

　7-2では，引用した研究の結果が示すものを，動詞suggestを使い報告しています。現在形で記述されているので，書き手がその内容にコミットし賛成していることがわかります。

7-2　These results suggest that young drivers experience the same accident rate as older drivers.
　　　（若い運転者も年配の運転者と同様の事故率であることを結果が示している。）

(3) 言及した人の考えの報告 (cognition verbs)

この動詞は，引用した研究の筆者が論文中に述べている意見や考えを報告するものです。以下の動詞は使用頻度の高い順で並べています。

consider, assume, believe, recognize

7-3 は，研究者が特許出願の成果を考慮するという報告をしています。現在形で報告しているので，書き手の支持する内容と予測できます。

7-3　The researcher considers the moral and social consequences of the patent applications.
（その研究者はその特許出願の道徳的，社会的な重大性を考慮している。）

3 ❖ 伝達動詞の時制によるスタンス

前節で紹介した伝達動詞をどのように使い，書き手のスタンスを示すのか見ていきます。伝達動詞の主な時制として，①現在，②過去，③現在完了が使われます。アカデミック・ライティングでは，これらを特定の意図のもとで使い分ける必要があります。図 **7-1** は各時制の役割を概念的に表しており，矢印の先は視点の位置を示しています。書き手のスタンスは，各時制によっていかに表現されるのか例 **7-4** を見てみます。

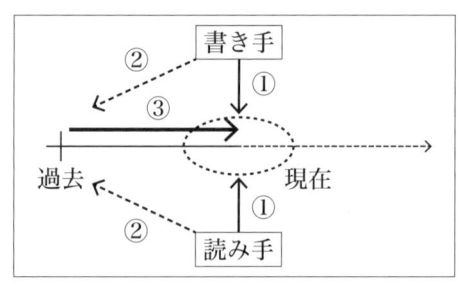

図 7-1　時制によるスタンスの概念図

7-4　1) The news is reported by journalists.
　　　 2) The news was reported by journalists.
　　　 3) The news has been reported by journalists.

前述のように，現在時制は，書き手の目の前にある事象で，自分の主張としてそれを強く支持していることを表します。書き手のスタンスに近いことを述べる際に使用されることになります。このため，時間によって変化しない（timeless）普遍的な事象や，事実という意味です。
　図7-1の①では，書き手の強い支持を示し，読み手と自分のスタンスを共有しようとしていることになります。例7-4 1）では，ニュースが記者によって報道されたことは，書き手にとって重要で，この後それが伝えたいことに影響を与えることを示唆しています。
　一方，過去時制の場合は，書き手は伝える事象に対して概念的な距離があることを示します。過去の一時期に存在したもので，自分の主張に影響を与えない，というスタンスとなります。
　図7-1の②は，書き手は自分の場所から離れた過去の一点を読者に示しています。このため自分の主張と距離があることになります。例7-4 2）では，単なる一過性の出来事として報道を記述しています。それが書き手の主張にあまり影響を与えないことを暗示することになります。
　以上のように，主張として強く支持することには現在時制を使い，そうでない場合は，過去時制を使って書き手のスタンスを示すのです。
　現在完了は，主張に客観性を持たせる時に使われます。特定の事象について，過去のある時点から誰かが主張や報告を開始し，書き手がそのことを現時点でも支持できると考えていることを示唆します。
　図7-1の③のように，読者を過去から引っ張り，目の前の自分が共有している位置まで連れて来るイメージとなります。例7-4 3）では，ニュースはたびたび報道され，今でもその事態が続くことを示します。複数の報告があるので，個人的な主張より客観性を持たせることができるのです。
　次の例7-5のshowは現在，過去，現在完了時制で，それぞれどのような書き手のスタンスを表すでしょうか。

7-5 Various studies（show）the benefits of consciousness-raising tasks.

　現在形のshowは，事象は書き手の主張に近く，書き手も「意識化のタスクの利点」を支持していることを示します。これを論点の中心として話を展開することもあります。過去のshowedでは，書き手はその利点を支持せず距離を置いていることになります。様々な研究が報告しているかも

しれないが，自分は必ずしも賛同していないという立場です。後に続く文では，この事象に対する反証が続くこともあります。現在完了形の have shown は，多くの研究者により認められた，分野の定説や，認知された客観的事象として扱うというスタンスを示します。

一般には，以上のような時制の使い方によって，書き手のスタンスを読者に暗示することになります。なお，研究分野によっては，現在時制が多用されることもあります。下の例は，研究が使用した分析手法や，それが明らかにした成果に対し現在時制で報告しています。書き手が，引用した研究を妥当性があり，普遍的な事実として認識しているというスタンスを示しています。

7-6　Elliot's study (2006) <u>uses</u> various measures for the data analysis. It <u>reveals</u> the significance of the multiple-data analysis.
　　　（Elliot (2006) の研究は様々なデータ分析の手法を使っている。それは複合的なデータ分析の重要性を明らかにしている。）

ポイント
- 伝達動詞の時制で読者にスタンスを示す。
- 現在時制は書き手の主張に近い。
- 過去時制は一過性でそれほど支持していない。
- 現在完了は前提や定説としての客観性を示す。

4 ❖ 伝達動詞を使った節の時制

　伝達動詞を伴った節（reporting clause）に注目し，時制の使い分けによる書き手のスタンスを詳しく見てみましょう。これは例文 7-7 のように，伝達動詞と，それに続く節で構成されているものです。

7-7　The researcher <u>found</u> that the wives <u>were dissatisfied</u> with sharing housework.
　　　（研究者は，妻たちが家事の分担に満足していないことを発見した。）

　この文は「研究者が発見した」が主節で，「妻たちは家事の分担に満足していない」が従属節です。これは間接話法と呼ばれる構文で，通常は主

節の時制が従属節の時制を拘束し，時制の一致が起こります。この場合，引用された研究者が発見した時点での事象を過去形を用いて報告しています。

　しかし，研究論文などでは時制の一致が生じない場合も多く見られます。**7-8** では，従属節は時制の拘束を受けていません。これは書き手が，男女でストレスの体験量に差がないことを，普遍的な事実として見なしているのです。引用された文の著者の発見は，過去の時点ですが，その内容を書き手が支持し，自分の主張として扱うことを示しています。

7-8　The same researcher also found that men and women do not differ in terms of the number of stressful events experienced.

　このように考えると，図 **7-2** のような様々な時制の選択が可能となります。一般に主節は引用した論文の著者への態度を示し，従属節は引用した内容に対するスタンスを表します。それぞれを確認していきましょう。

図 7-2　伝達動詞を伴った節のスタンス

	著者への態度		内容への態度
	主節		従属節
(1)	過去	→	過去
(2)	過去	→	現在
(3)	現在	→	過去
(4)	現在	→	現在
(5)	現在完了	→	現在

(1) 主節：過去　→　従属節：過去

　これは引用された著者の議論は一過性のもので，その内容も普遍性があまりないというスタンスとなります。

　次ページの図 **7-3** のように，書き手が引用した文の著者に対して，過去形を使い距離を示しています。さらに従属節の内容も過去形で，距離を置くスタンスであり，書き手はコミットしていないことを読み手に伝えています。

図 7-3　主節：過去→従属節：過去の概念図

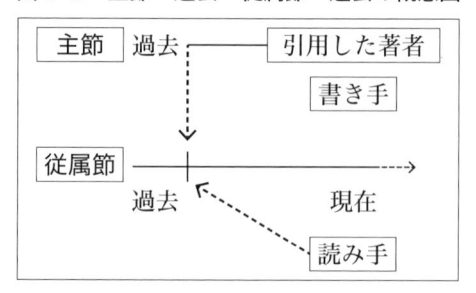

例 **7-9** では，環境活動家の報告も，地球を破滅から守るのには 5,000 日しかないという内容も，書き手は特に支持していないことを暗示しています。

7-9　Ecologists argued that there were 5,000 days left to save the planet from certain destruction.

(2) 主節：過去　→　従属節：現在

図 **7-4** のように主節で過去形を使い，引用自体は著者が行った一過性のことと報告しています。しかし，従属節は現在形なので内容に関して書き手が支持することを読み手に示しています。図のように，書き手は従属節の内容を自分の主張として，読み手と共有しようとしています。

図 7-4　主節：過去→従属節：現在の概念図

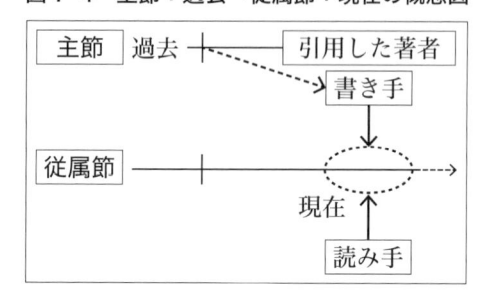

例文 **7-10** では，書き手は委員会自体の言論には距離を置いています。しかし，公共資金の使用は許可なしに行うべきでない，ということに関しては支持をしているというスタンスを示しています。

7-10 Board members argued that public funds cannot be spent without their approval.
（委員会のメンバーは公共資金の使用は，許可なしに行うべきでないという議論を行った。）

(3) 主節：現在　→　従属節：過去

　この場合，引用した文の著者とは同じスタンスですが，報告した内容は一過性の事象とし，距離を置いていることを示しています．図7-5のように，従属節の内容には書き手がコミットしていないことになります．

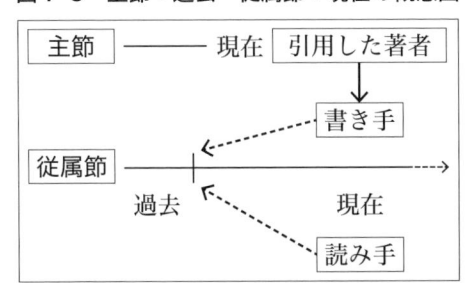

図7-5　主節：過去→従属節：現在の概念図

```
主節 ──── 現在  引用した著者
                    ↓
                   書き手
従属節 ──┼──────→
        過去    現在
                   読み手
```

　例7-11は，研究自体は支持しています．しかし，欧州の指導者たちが民衆の意見の集約に失敗したことは，過去の一時的な事例と見なすことを読み手に伝えています．

7-11 The study demonstrates that Europe's leaders failed to establish the support of public opinion.
（その研究は，欧州のリーダーたちが大衆の支持の構築に失敗したことを実証しようとしている．）

(4) 主節：現在　→　従属節：現在

　これは引用した文の著者も，従属節で報告する内容も，書き手自身の主張として支持するスタンスを読み手に示しています．次ページの図7-6のように，書き手は主節を現在形で報告し，引用した著者の報告を支持しています．また従属節も現在形で，事実として読者と共有しようとしています．

図7-6　主節：現在→従属節：現在の概念図

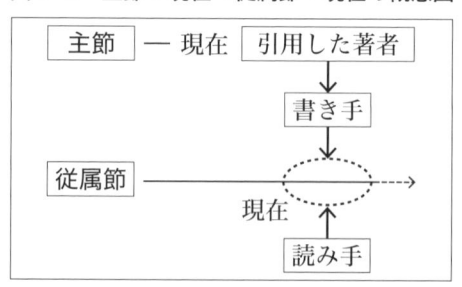

```
主節 ── 現在  引用した著者
                  ↓
                書き手
                  ↓
従属節 ─────────(現在)────→
           現在   ↑
                読み手
```

　例 **7-12** では，引用した文の著者の議論も，産業間で秘書の給与に差があることの説明が困難という内容も，書き手は支持することを表しています。書き手の主張と同じなので，この文の前後には，この事象を裏付けるような議論を行うことになります。

7-12　He argues that it is difficult to explain the wage differences of secretaries across industries.
　　　（彼は，産業間の秘書の賃金の格差の説明は困難だと述べている。）

(5) 主節：現在完了　→　従属節：現在
　主節の伝達動詞を現在完了形で記述することで，その事象は大勢が報告している客観的な事実とすることを意味します。このため従属節は，普遍的な事象として現在形で表すことが多くなります。書き手の主張というより，一般的に認められた事実として読み手に示すことになります。
　次の例では主節で，過体重は高血圧の要因と結びつくことが，これまで多くの研究で議論されてきたことを述べています。現在完了形を使い，書き手も客観的な事実と見なしていることを示しています。

7-13　Many studies have suggested that being overweight is more likely to have associated risk factors, including high blood pressure.
　　　（太り過ぎの高血圧等のリスク要因との関連性を多くの研究が示唆している。）

　以上のようにアカデミック・ライティングでは，特定の事象に対する書き手の考えや，立場を読者に効果的に示すことが重要となります。この際，

主節の伝達動詞の時制や，従属節の時制の使い分けにより，様々なスタンスを構築することが可能となります。現在時制は，書き手が特定の事象を，普遍的なものや事実として強く支持することを表すスタンスです。過去時制は，自分の立場とは距離があり，過去の一時的な事象の報告を示唆します。現在完了は，複数の人が報告し，書き手もそれを支持し，客観的な事実や議論の前提として示すスタンスに使われます。

読者中心のディスコース・ストラテジー⑥
- 伝達動詞を伴った節の時制で書き手のスタンスを効果的に伝える。
- 主節の時制は引用した文の著者へのスタンスを示す。
- 従属節の時制は引用した内容へのスタンスを示す。

練習問題

1. 次の各文における書き手のスタンスの違いを説明しなさい。
   (1) a. The level of literacy of high school students is dropping.
       b. The level of literacy of high school students was dropping.
       c. The level of literacy of high school students has been dropping.
   (2) a. The authors find evidence for the preventing impact of double taxation on cross-border acquisitions.
       b. The authors found evidence for the preventing impact of double taxation on cross-border acquisitions.

2. 次の各文における書き手のスタンスの違いを説明しなさい。
   (1) The author argues that the teaching of academic subjects in high schools is appropriate.
   (2) The author argues that the teaching of academic subjects in high schools was appropriate.
   (3) The author argued that teaching of academic subjects in high schools was appropriate.

8章 緩衝的表現のヘッジと断定表現のブースター

この章で学ぶこと
- 自分の議論を防御する
- 緩衝的表現のヘッジの使い分け
- 断定表現のブースターの使用法

　書き手は読者に対してスタンスを効果的に伝える必要があります。時制の選択以外にも，法助動詞などのヘッジ（hedge）の活用で，自分の考えや立場を示し，読者と交渉し議論をうまく進めることができます。

　ヘッジとは，自分の主張や表現を弱め，英語の微妙なニュアンスを表すストラテジーです。丁寧な表現を使い読者に敬意を払います。また，主張を否定されることを事前に防御するためにも使われます。

　この反対の表現がブースター（booster）で，書き手が主張の断定度を高め，読み手に内容をより強調する時に使います。このようにライティングは，書き手と読み手の文字を通した交渉です。書いた内容の質を判定される資格試験や研究論文では，この交渉が特に重要になります。

1 ❖ ヘッジの基本

　他人と交渉する時，何かを頼んだり断ったりすることがあります。この際，丁寧にやりとりを進めます。英語の丁寧さはどのように構築すればよいのでしょう。

1-1　英語の丁寧さ

　メッセージを伝える時に，できるだけ相手の面目（face）を守る必要があります。このためには，直接的な表現を避け，相手を尊重する姿勢を見せます。これは，可能な限り相手に談話の主導権や，判断の決定権を与えることで実現します。

　まずは，相手に依頼する時の具体例を見ます。例題の1〜5の文を，より丁寧なものから順番に並べ，その順番になる理由も考えてください。

例題
1. Will you tell me what that means?
2. Can you tell me what that means?
3. Could you tell me what that means?
4. Would you tell me what that means?
5. I was wondering if you could tell me what that means.

英語の丁寧さの度合いは，「どれだけ相手が負担を感じずに，談話の内容を否定できるか」により決まります。1. の Will you ...? や 4. の Would you ...? は依頼ではなく，相手に指示をする時に使われます。たとえば，上位の者が下位の者に，業務や課題などを依頼する場面です。この際，頼まれた人は基本的に断ることは難しい状況です。これらは，丁寧に命令するというニュアンスになります。両方ともあまり丁寧な表現とは言えませんが，would の方が仮定法なので，指示の強制度が和らぐことになります。

依頼文の 2. の Can you ...?, 3. の Could you ...? では，後者の方が聞き手が断りやすく，より丁寧です。また 5 は主張が弱く，文が長く聞き手が時間をかけて判断でき，断りやすくなるため最も丁寧と言えます。よって依頼の丁寧な順番は 5 → 3 → 2 → 4 → 1 となります。

実は，時制も丁寧さに影響を与えます。7 章の時制で確認しましたが，過去形を使う場合は，伝える側はその内容にあまりコミットしていません。現在形に比べると主張が弱くなります。このため，過去形は，メッセージを受け取る側がより優位になり，結果的に丁寧になります。また，過去形は現在形より一般に形が長くなり，丁寧さが増します。

ポイント
- 相手が No と言える可能性が高いほど丁寧。
- 長い文は，相手に考える時間を与えるので丁寧。
- 過去形は書き手がコミットしていないので相手が優位。

1-2 ヘッジによる丁寧さ

アカデミック・ライティングで自分の主張を行う場合も，丁寧さが重要です。内容の断定度を弱め，読者の立場を尊重することが必要です。例**8-1**は，言及している研究が「異なる測定手順だけしか反映していない」という問題点を指摘する内容です。ここでは，法助動詞の may を使い，自分

8 章 緩衝的表現のヘッジと断定表現のブースター

の意見の断定度を弱めています。こうすれば，主張を弱めて，引用した研究の相手や，読者の考えに配慮していることになります。

8-2 では，発見が「どのような状況にもあてはまる」という主張を弱めるために，可能性を示唆する could を使っています。このように断定を避けることで，読者からの「そうでない場合もある」という批判を回避することができるのです。

8-1 This study <u>may</u> reflect only limited measurement procedures.
（この研究は，限定的な測定手順だけしか反映していない<u>ようだ</u>。）

8-2 Our findings <u>could</u> also apply to other situations.
（我々の発見は，どのような状況でもあてはまる<u>可能性がある</u>。）

ヘッジで自分の主張と引用した相手との位置関係を考慮し，予想される読者の反応に対処します。特に研究論文などでは，主観的で偏った内容を避け，引用した相手や読者に丁寧に対処する方略が必要となります。

2 ❖ 2種類のヘッジ

ヘッジは主張を抑え丁寧にするだけでなく，議論の防御にも使えます。書き手が断定する度合いを弱めて，読者による批判からの逃げ道を用意します。ヘッジは，近似詞（approximator）とシールド（shield）の2種類に分類できます。前者は，事象の明確さを，後者は確信の度合いを弱めるストラテジーとなります。

8-3 では，「かもしれない（may）」というシールドで，書き手の報告内容の確信度を弱めています。また，「いくぶん（somewhat）」という近似詞を使い，違いに関する明確さをぼかしています。読者からの具体的な違いについての説明の要求を，あらかじめ回避することができます。

8-3 The participants <u>may</u> have a <u>somewhat</u> different experience.
（参加者は，<u>いくぶん異なる経験を持っているかもしれない</u>。）

2-1 近似詞

近似詞は，主張の内容に幅を持たせ，程度や量，頻度または時間を曖昧にするものです。以下のような副詞がよく利用されます。いずれも，事象

の程度をぼかすことで断定を避けるのに便利な表現です。

about, approximately, almost, relatively, likely, generally, sometimes

例 **8-4** は，relatively という表現を使い，短さをぼかしています。中には長いキャリアを持つ選手もいるし，他のもっと短いキャリアのスポーツもあるかもしれないからです。**8-5** では，generally という記述で，一般的に，という議論を行い，例外があることも暗示しています。中にはコンピュータが苦手な若者もいれば，得意な年配者もいるからです。

8-4 A football player has a <u>relatively</u> short career.
（サッカー選手は，<u>比較的</u>短いキャリアである。）

8-5 Young people are <u>generally</u> better at using computers than older people.
（若者は，年を取った人よりも<u>一般に</u>コンピュータ操作がうまい。）

このように，例外がある場合や，数字，頻度などが食い違う可能性がある際に近似詞のヘッジを使えば，主張を批判から守ることができます。

2-2 シールド

シールドで多く使われるのは特定の動詞や法助動詞です。これらを文に入れることで断定の意味を弱め，批判に対する防御もできます。

(1) シールドで使う動詞

以下の動詞は断定の意味を弱める効果があります。これらの使用で断言を避けるため，反証があっても自分の議論を守ることができます。

appear, seem, tend to, suggest, indicate, imply

次ページの例 **8-6** は，特定の人の意見に対するコメントですが，seem を使うことで断定を弱め，相手の面目を多少守ろうとしています。**8-7** は，tend to の記述により，全員にそのような効果があるわけではなく，あくまで一般的な傾向という形にしています。この場合，そのようにならない子供がいることも考慮に入れ，自分の意見を防御しています。

8-6　His opinion does not seem fair.
　　　（彼の意見は公平とは思えない。）
8-7　Nursery tales tend to stimulate a child's desire to read.
　　　（おとぎ話は，子供が読書をしたくなるように刺激する傾向がある。）

　第2部の研究論文についての章で詳しく説明しますが，研究の成果を報告する時に便利なのが，シールドとなる indicate という表現です。これは結果により示唆されるという意味で，断言を避けるものです。8-8 のように indicate を使うと，個人的な主張ではなく，実験や調査から得た示唆ということになります。

8-8　The results indicate that some students have a strong preference.
　　　（この結果が示唆するのは，何人かの学生は強い好みがあるということである。）

(2) 文頭のメタディスコースによるシールド

　6章の2節で，文頭のメタディスコースが筆者の態度・コメントを示すことを確認しました。この中で以下がヘッジとして使われます。これから述べることの断定の度合いを弱め，あらかじめ防御することもできます。

　　I think ...　　　　（…と思う）
　　It is possible ...　（…は可能である）
　　It can be said ...　（…ということもできる）

　8-9 では，文頭に I think を置くことで，あくまで個人的な見解であるとヘッジをしています。8-10 では，文頭に It is possible to say を記述し，主張の内容は可能性があるという程度にとどめています。

8-9　I think reading famous novels is useful in many cases.
　　　（有名な小説を読むことは，多くの場合に役に立つと思う。）
8-10　It is possible to say that we may change people's attitudes toward the environment.
　　　（人々の環境に対する態度を変えることは可能だと言える。）

　これらの文頭のメタディスコースは，省略されても文の意味は通じますが，書き手の報告事象への弱いスタンスを示唆することができます。

3 ❖ 法助動詞のシールドによるヘッジ

　法助動詞のヘッジは，主張を弱めて防御するのが主な目的なのでシールドの一部と言えます。使用頻度がとても高いので，少し詳しく説明します。特に使われるのは，can, could, may, might です。

3-1　can, could による可能性・確信度のヘッジ

　can は，可能性に事実や経験に基づく客観性がある時に用いられます。8-11 の例 1）に can を加えた 2）は，「断定はできないが記述には何らかの根拠はある」というニュアンスとなります。彼らは，かなり高い動機付けがあると結論できる可能性があるという意味になります。

　一般に could は，「理論上は可能な（theoretically possible）」ことを表します。「理論的にはありえるかもしれないが，実際はそれほど可能性があることではない」というシグナルを送ります。3）は，高い動機付けがあってもおかしくないという意味です。can から could へと次第に書き手の確信度は低くなります。研究論文では，権威者である査読者を意識し，注意して自分の主張を行う必要があります。この際，以上のヘッジを使っておくと，批判をある程度弱めることができます。

8-11　1) We conclude that they are highly motivated.
　　　2) We can conclude that they are highly motivated.
　　　3) We could conclude that they are highly motivated.

3-2　may, might による可能性・確信度のヘッジ

　may は主観的な判断に基づき述べる場合に使われます。事実や経験に基づく客観性は弱いので，can に比べると確信度は低いと言えます。重大な内容で，根拠がそれほど強くない時などに用いられます。

　また might は，さらに可能性の低い状況で使われます。「とてもまれなケースとして，ないわけではない」というニュアンスとなります。書き手の主張としては確信度が低く，曖昧な断定なので，TOEFL や IELTS ではあまり使われません。研究論文などで，新規の，社会的インパクトを与える発見などをした時に，might を使う場合があります。査読者である，先輩研究者に対して断定度を低めて新規の提案をする時に有効です。次の

8-12 の 1) は，女性が昇進などの移動を妨げるような障害に出会うという内容です。2) のように may を使うと，可能性はそれほど大きくないという書き手のスタンスを示します。また，3) のように might では，かなりまれで，あまり起きない事象として考えていることの示唆です。

8-12　1) Women encounter barriers to their upward mobility.
　　　2) Women may encounter barriers to their upward mobility.
　　　3) Women might encounter barriers to their upward mobility.

3-3　研究論文とヘッジ

　研究論文では，ヘッジは結論の conclusion の箇所で使われる傾向があります。結論の部分では，自分の発見や議論の正当性を読者に訴えたり，当該研究の限界を示唆します。このためには，査読者や読者に対して丁寧に情報を伝え，過度の自己主張を避けるために論調を弱める必要があります。また提言として，今後の研究の方向や可能性を注意深く伝えることも重要となります。次の例は，結論において，できるだけ断定的な主張を弱める might を使っています。書き手が開発した調査用紙の使用を，他の研究者たちに勧めるのは慎重にすべきことなので，ヘッジが必要になります。

8-13　Thus, future studies might not only consider choosing different populations but also extending and modifying the questions of our survey instrument.
　　　（このため，将来の研究では，異なる被験者に調査するだけでなく，その調査用紙を拡張し変更して使うことを考慮することも考えられる。）

4 ❖ ブースター

　ブースターはヘッジの逆の役割で，断定表現で自分の主張を強めたり，強調したりする時に使います。ブースターには，以下の動詞や形容詞，副詞，および文頭のメタディスコースがよく使われます。

4-1　ブースターの役割を持つ動詞

　強い断定の意味を持つ以下のような動詞がブースターとして使われま

す。これらを使えば，書き手の確信度が高まり，読み手に強いメッセージを送ることになります。

confirm, convince, demonstrate, determine, prove

例の **8-14** では，confirm というブースターを使い，研究成果に基づき，書き手が転職の不利益さに確信を持っていることを伝えています。**8-15** では，目標達成への努力の重要さを，ビジネスの成功者の事例で確信を持って報告しています。このように，ブースターの役割を持つ動詞を使うことで，書き手は自分の主張の正当性を訴えることができます。

8-14 There are several research findings to confirm the disadvantages of changing jobs in Japan.
（日本での転職の不利益がいくつかの研究結果で裏付けられている。）

8-15 Great business leaders demonstrate the importance of working hard to achieve a goal.
（偉大なビジネスリーダーたちは，目標を達成するために努力することの重要さを立証している。）

4-2 ブースターの役割を持つ形容詞，副詞

特定の形容詞や副詞には，主張をより明確にする働きがあります。以下のものが比較的よく使われます。

clear, definitely, essential, extremely, significant, significantly

例 **8-16** では，significantly を使うことで，世界の変化の度合いが大きいことを強調しています。**8-17** では，絶対に必要という意図を伝えるのに essential で表現しています。このようにブースターを使うことで，重要な観点が一層際立ちます。

8-16 Nowadays, the world has significantly changed.
（現代，世界は著しく変わった。）

8-17 Academic qualifications are essential for getting a good job.
（学業の資格は，よい職業を得るためには必須だ。）

8章　緩衝的表現のヘッジと断定表現のブースター　79

4-3　文頭のメタディスコースによるブースター

　文頭のメタディスコースを使うブースターは，6章3節で紹介したように注意を喚起するものです。代表的なものは以下のようなものでした。

Indeed, Of course, It is clear that, No one can deny, It is true

　これらは，文頭に置かれ，文同士の流れを切り，情報を際立てます。**8-18** では，文頭に Nobody can deny that というブースターがあり，後続の情報が際立ちます。看護師の役割の重要さがアピールされています。

8-18　Nobody can deny that nurses are an essential part of our society.
　　　（社会で看護師が重要な位置を占めていることは誰も否定できない。）

　ライティングは書き手と読者の意味の交渉と考えられます。自分の主張の断定度を下げ，権威者の読み手に尊敬を示し，議論の弱い点をあらかじめ防御します。また，特に強調したい点や，注意を喚起したい箇所はブースターを使い読者を誘導します。TOEFL や IELTS の資格試験や，研究論文は，読み手の方が報告事象に詳しい場合もあります。このためブースターの使用は，できるだけ抑え，特に必要なことに限定しましょう。

読者中心のディスコース・ストラテジー⑦
- 丁寧さの度合いは，相手がどれだけ負担を感じずに，談話の内容を否定できるかで表される。
- ヘッジを使い，断定を弱めて丁寧にメッセージを送ったり，議論を防御したりする。
- 長い文や，法助動詞の過去形を使うことでヘッジの主張を弱める役割がより大きくなる。

練習問題1

次の英文のヘッジ表現を見つけ，その効果を説明しなさい。

(1) Sometimes parents should value the digital revolution for the benefits it provides for their children.
(2) The history of art is almost as long as the history of human civilization.
(3) A foreign student studying in the U.S. has to spend approximately 20,000 dollars for tuition fees.

練習問題2

1. (　) に入る適切な法助動詞を a. b. から選び，その理由も述べなさい。
   (1) Pigs (　) fly.
   (2) A miracle (　) happen.
   (3) "It (　) be you!" (宝くじの広告で)

   a. might　　b. could

2. 次の英文はどのようなストラテジーが使われているか説明しなさい。
   (1) It can be said that traffic jams are becoming larger and more frequent.
   (2) I have become convinced that children should learn all they can about contemporary technology in order to succeed.
   (3) The human workforce has demonstrated that it is more valuable than computers.

3. 次の英文で使われているストラテジーとその目的を説明しなさい。
   If children do not get enough support and attention at home, they might not do well at school. It can be said that the absence of a parent at home makes it harder for children to solve some problems.

9章 パラグラフのまとめ方

この章で学ぶこと
- パラグラフの基本構成を身に付ける
- 読者が読みやすいパラグラフの構築方法
- 意見を述べる，問題解決のパラグラフの書き方

これまで，様々なディスコース・ストラテジーの活用法を確認してきました。これからは，それらをまとめて文章を仕上げていく方法を見ていきます。この章は，基本的なパラグラフの書き方を学びます。特に読者を誘導するのに必要な，ムーヴの概念を理解し，それが書けることを目指します。また TOEFL や IELTS でよく出題される形式である，意見を述べるパラグラフや，問題を解決する課題のパラグラフの書き方を学習します。

1 ❖ パラグラフのムーヴ

英語ライティングで，効果的に読者を誘導するために重要なのが，「ムーヴ（move）」の確立です。ムーヴとは，伝達内容ごとにいくつかの文を1つのまとまりとして捉え，情報の受信者を一定の流れに沿って誘導する，修辞的なストラテジーです。書き手は，特定の原則に従いムーヴを構築し，読み方のガイドラインを示唆する必要があります。

ディスコースの基本単位であるパラグラフは，1つの話題について書くことになっています。このため，話題が変わればパラグラフを変えます。パラグラフでは，特定の情報配置の基準があり，文を効果的に連続させ，一貫性を持たせなければなりません。これを実現させる原則が，「一般（general）」から「特定（specific）」への情報配置のムーヴです。

次ページの図 9-1 はこのムーヴをイメージ化したものです。最初のトピックセンテンスで，そのパラグラフが何の話題について書かれているのか示します。

トピックセンテンスのテーマにはパラグラフの話題を提示します。そして，リームにはそれについてどの観点から議論を進めていくのか明示する

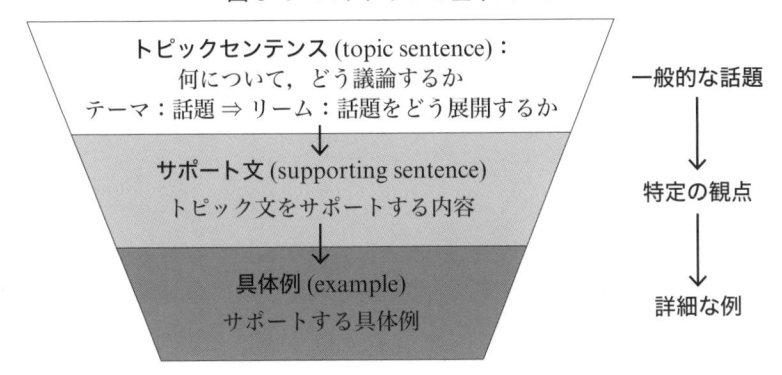

図 9-1　パラグラフの基本ムーヴ

トピックセンテンス (topic sentence)：
何について，どう議論するか
テーマ：話題 ⇒ リーム：話題をどう展開するか　　　一般的な話題

↓

サポート文 (supporting sentence)
トピック文をサポートする内容　　　　特定の観点

↓

具体例 (example)
サポートする具体例　　　　　　　　詳細な例

ことになります。このトピックセンテンスのリームを「話題展開の視点」，または「コントロール概念（controlling idea）」と呼びます。後に続く文の内容をコントロールするのでこのように呼ばれます。

次に続く文は，トピックセンテンスが適切であることを示すために，内容を詳しく説明し前文をサポートします。このため「サポート文 (supporting sentence)」と呼ばれます。さらに続く文は，サポート文をわかりやすくするために，具体的事例を示すことが有効となります。

この具体例は，時には重要な役割を果たします。一般に言語は，人間の左脳で処理されます。この部分は，記号や数字を扱う役割を持っています。しかし，残念なことに新しい言語情報を記憶するのは容易ではなく，80%ほどは失われると考えられています。一方，右脳はイメージなどをつかさどる部分で，映像などの情報をうまく処理し，より多く覚えています。人の顔は浮かぶけれど名前が出てこなかった経験はあると思います。実は，パラグラフにおける具体例は，文章を視覚化する役割があります。伝えたい内容を，画像を見るようにイメージさせるのです。このため，具体例を用いて読者の記憶を促進させ，理解を深めることも可能になります。

ポイント　パラグラフは「一般」から「特定」の情報配置

それでは，例 9-1 の基本的なパラグラフのムーヴを確認しましょう。

9-1　Fuel is used on a farm to store a raw commodity. The term commodity refers to a single raw product. For example, apples would be one commodity to be stored at a low temperature.

①トピックセンテンス

Fuel is used on a farm to store a raw commodity.

テーマ：	リーム：
パラグラフの話題	話題展開の視点

このパラグラフの中心話題は、「燃料」の使用法についてになります。その観点は、「農産物の貯蔵に使われる」ことになります。

②サポート文

The term commodity refers to a single raw product.

トピック：既知	フォーカス：新規

①に続く②の文では、トピックセンテンスで述べたことをサポートしています。ここでは前文の commodity が原産物を意味するという説明を行っています。

③具体例

For example, apples would be one commodity to be stored at a low temperature.

③の文では、サポート文で述べた農作物の具体例を書いています。リンゴが低い温度で貯蔵すべき例として挙げられることをメタディスコースで誘導しています。

以上のように、トピックセンテンスでパラグラフの大枠の話題を提示し、次の文で内容をサポートしています。続く文では、さらに具体例を示した詳細な文で説明しています。このような「一般」から「特定」の情報の配置のムーヴで、読者にわかりやすくロジックを構築しています。

2 ❖ 自分の意見を述べるパラグラフ

TOEFL や IELTS では、与えられた課題に自分の意見を述べることが要求されます。この際もパラグラフを、一般から特定への情報配置にしま

す。資格試験の課題などでは，まずトピックセンテンスで，大まかな自分の意見を述べます。次のサポート文で，その意見の根拠となる理由を記述します。この際，サポート文で十分でない場合，続く文で具体例を証拠として示すと効果的であり，読者に納得してもらえるのです。

図 9-2　意見を述べるパラグラフ

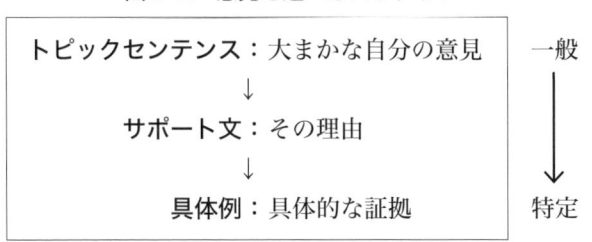

```
トピックセンテンス：大まかな自分の意見    一般
          ↓                              ↓
  サポート文：その理由
          ↓
   具体例：具体的な証拠               特定
```

それでは，例 9-2 を見てみましょう。これは英語の資格試験で出題された，「子供の早期外国語学習に賛成か，反対か述べよ」という課題への解答例の中の 1 つのパラグラフです。情報の配置に注目します。

9-2 I think that it is important for children to begin learning a foreign language as soon as possible. They quickly improve their ability to understand new words. Also, they can get used to the right pronunciation in a natural manner. For example, they can develop a native accent by repeating words in the way they hear them.

①トピックセンテンス

I think that it is important for children to begin learning a foreign language as soon as possible.

トピックセンテンスでは下線部のように，子供はできるだけ早く外国語を学ぶことが大切と，大まかに課題への意見を述べています。

②サポート文 1

They quickly improve their ability to understand new words.
　既知　　　　新規

このパラグラフはサポート文が 2 つあります。1 つ目のトピックは人称代名詞 They で，前文の children と結束しています。理由として，新しい

単語を理解する，聴解力の向上が早いことがフォーカスです。

③サポート文2

<u>Also,</u>　　　<u>they</u> <u>can get used to the right pronunciation in a</u>
メタディスコース　既知　　新規　　　　　　　　　<u>natural manner.</u>

2つ目のサポート文は，別の観点から，トピックセンテンスで示した意見の理由を記述しています。文頭にメタディスコースのAlsoがあるため，同様に意見をサポートする内容であることを示唆しています。自然に正しい発音を身に付けられることがその理由です。

④具体例

<u>For example,</u>　<u>they</u> <u>can develop a native accent by repeating words</u>
メタディスコース　既知　　　　　　新規　　<u>in the way they hear them.</u>

最後の文は，③のサポート文2についての証拠を示しています。For exampleという文頭のメタディスコースがあるため，ここから具体的な例の記述が続くことを明示しています。例としては，聞いた通りに繰り返すことで，ネイティブのようなアクセントが身に付くということです。

3 ❖ 研究論文のパラグラフ

ここで説明しているパラグラフの構成は，研究論文でも同様です。これは論文も自分の見解を示すものだからです。実際にパラグラフの情報の流れを例題で確認してみましょう。以下は，国際的な論文から引用した一部です。パラグラフの各文の順番を変えています。適切な順番に並べ替えて，なぜそうなるのか理由も考えてください。

> 例題　読みやすいパラグラフになるように①〜④を並べ替えなさい

① For example, it has been shown that good readers make predictions and inferences while they read.
② The researchers assumed that proficient learners might be using special techniques that differed from those of less proficient learners.
③ Inferring is how readers read between the lines.

④ Initial research into learning strategies sought to identify the characteristics of good language learners (Rubin, 1975; Wong, 1979).

　まずは，トピックセンテンスを見つけましょう。パラグラフの最初の文なので，一般的な話題が文頭のテーマに来るべきです。①は文頭に For example があるので，これはサポート文の具体例などの証拠を示すものということがわかります。ムーヴの観点からは，3番目以降であることが推測できます。②は定冠詞で始まり，前にある文の既知情報に続く文であることを示唆しています。こうなると，残る③か④がトピックセンテンスの候補となります。ここで文の後方のリームに注目すると，③は read between the lines（言外の意味をくみ取る）と，より具体的なことの記述です。この内容は，他の文とは結び付きがなさそうです。一方，④文のテーマは，「学習ストラテジーの初期の研究」という大きな話題です。文末のリームには，「よい言語学習者の特性の探究」と，それを実施した先行する研究者の名前があります。①も②も良い学習の行動について述べているので，④のリームが，話題展開の視点を示すコントロール概念だとわかります。

　トピックセンテンス④に続くのは，その文末にある研究者 Rubin や Wong を，The researchers で既知情報としてテーマにしている②の文です。読者は④の文末から②の文頭にスムーズに移動できます。②のリームは，よい学習者の探究が，「能力の低い学習者とは異なる特定の技術の使用」に注目したことを述べています。②はトピックセンテンスのサポート文です。次に続くのは For example のある①で，②の具体例を記述しています。読解のよくできる学習者は，内容の予測や推論をすることを示唆しています。最後が③の文で，①のリームの inferences についてより詳しく説明しています。

　以上のように，研究論文では，これまで見てきたディスコース・ストラテジーを効果的に使い，読みやすさを構築しています。パラグラフは，トピックセンテンスの一般的なこと，それをサポートする説明文，より具体的な例文というムーヴになります。各文は既知から新規の情報配置で，それぞれが効果的に結束しスムーズな流れとなります。さらにメタディスコースで特定のシグナルを送り，読者をうまく誘導していきます。

4 ❖ 意見を述べるパラグラフの例題

それでは，TOEFL や IELTS でよく出題される課題の演習をしてみましょう。近年はコンピュータやインターネットの利便性が高まり，人々は様々な恩恵を受けています。このため，新しいテクノロジーがもたらす功罪などに対して意見を求められることも多くなります。もし，次のような課題が出題された時，どのようにパラグラフを書き始めればよいでしょうか。この課題を使い，短いパラグラフのまとめ方を復習します。

| 課題 | Can computers replace teachers?
（コンピュータは先生に取って代わることができるか。）

語数などが限られた試験では，端的に自分の意見をまとめる必要があります。まず，課題に対する立場を，トピックセンテンスで明確に述べる必要があります。次に理由を述べ，証拠を示すムーヴを構築していきます。

| 解答例 |

コンピュータの利点は様々あり，その便利さを否定する人はいないでしょう。しかし，ここでは，その有効性を認めながらも，先生にも重要な役割がある，というパラグラフを例として書いてみます。

それでは，コンピュータでは困難な先生の果たす役割とは何でしょうか。解答例は，人間同士の交流の必要性や，グループで学ぶことの手助けという役割があることを述べていきたいと思います。以下が，意見，理由，証拠の一般から特定へのムーヴの形を日本語で表したものです。

意見	コンピュータは学習の手助けになることができるだろう。しかし，重要な社会的技術を学ぶには先生の存在が必須である。
理由	先生の手助けがあれば，教室で前向きな，他人との接触を持つことができる。
証拠	先生は，学生たちが協力して学んだり，他の学生を尊重したりすることを学ぶ手助けをすることができる。

（一般 → 特定）

これを英文に直すと，以下のようになります．

意見	Although computers might help some students progress in their studies, a teacher is essential for them to learn important social skills.
理由	With the help of the teacher, students can have positive human contact in the classroom.
証拠	For example, teachers can help students learn to study in groups in cooperative ways and to respect other students.

一般 ↓ 特定

これは，実際の試験の解答の一部を構成する短いパラグラフですが，この章で学んだムーヴを構築しています．このようなパラグラフを複数書き，課題への解答を完成させていくのです．

5 ❖ 問題解決のパラグラフの例題

次に問題解決の例を見てみましょう．これは，与えられたテーマに自分なりの解決を述べる課題で，資格試験ではよく出題されます．この場合，単なる意見ではなく，具体的な提案をします．このため，1つのパラグラフで多くの情報を伝える必要があり，全体が長くなります．

パラグラフが長くなると，最後に結論文（concluding sentence）を書く方が効果的です．これは，読者にパラグラフの内容をまとめて，再度理解してもらうためです．結論文はトピックセンテンスの内容の言い換えとなります．図9-3がこのイメージを描いたものです．

図9-3 長いパラグラフの構成

トピックセンテンス
↓
サポート文 ＋ 具体例
↓
結論文

それでは，この章のまとめの問題として，次の課題に取り組んでください。

|課題| How can we solve environmental problems？
（どのようにして環境問題を解決できるか）

　自分で解決策を述べる場合も，まずトピックセンテンスで，大まかな答えを提示します。続くサポート文で，より具体的な案を示します。いくつかの具体策を記述した後，最後にまとめとして結論を書きます。図 **9-4** がこのタイプのパラグラフの構成案です。トピックセンテンスで示した解決策に関連した内容を，サポート文，結論文と繰り返し 3 回述べます。

図9-4　問題解決のパラグラフイメージ

```
トピックセンテンス              ＝ 解決策の提示
         ↓
    サポート文 1    具体策 1    ＝ 解決法の詳細
    サポート文 2    具体策 2
         ↓
    結論文                      ＝ 解決法のまとめ
```

|解答例|　環境問題は大きな課題で，様々な要因を含んでいます。多くのエネルギーを消費し，温室効果の原因となるガスを大量に排出している，企業の責任は特に注目されます。しかし，それらを取り締まるだけで十分でしょうか。ここでは，企業だけでなく，個人も環境問題への関心を高め，保全運動に参加するべき点を考慮します。大きな団体も個人も協力して，できることに取り組むべき，という考えを示すことにします。

解決法	企業と個人が協力して環境のダメージを減らすべきである。
具体策 1 企業	企業は直ちに公害を削減すべきだ 例 1　企業が温室ガス排出の原因の化石燃料の使用を減らす 例 2　生産過程をより効率的にきれいにすべき
具体策 2 個人	個人も多くの分野で行動を見直すべきだ 例 1　より節電を行う 例 2　通勤にマイカーではなく公共交通機関を使う

| 結　論 | 企業も個人も環境問題に積極的に責任を取るべきだ |

これを英文に直すと，以下のようになります。

解決法	We need to prevent further damage to the environment through a collaboration between industries and individuals.
具体策1 企業	First, industries must take immediate steps to reduce pollution.
例1	For example, they have to decrease the use of fossil fuels which are causing greenhouse gas emissions.
例2	Also, they need to clean up their production processes.
具体策2 個人	Secondly, we as individuals need to change our behavior in many areas.
例1	For example, we need to save energy by using less electricity.
例2	Instead of using private cars for commuting, we should use public transportations.
結　論	Both parties need to take active responsibility for the environment.

読者中心のディスコース・ストラテジー⑧

- パラグラフは一般的から具体的なものへと向かうムーヴにする。
- トピックセンテンスでパラグラフの全体的な話題と，それを展開する視点を示す。

練習問題

次の質問に自分の意見を英語で述べなさい。
What do you think about animal testing?

9章　パラグラフのまとめ方　91

10章 パラグラフとエッセイの基本ムーヴ

この章で学ぶこと
- 比較対照のパラグラフの書き方（TOEFL, IELTS 対策）
- 読者にわかりやすいエッセイの構成
- 資格試験対策のエッセイの書き方

　ここは，少し長めのパラグラフの構成や，それらをまとめたエッセイの書き方を見ます。最初に，TOEFL や IELTS で出題される課題の比較対照のパラグラフの書き方を確認します。続いて，パラグラフを組み合わせて，エッセイを構築する方法を確認します。第2部で学ぶ研究論文も，基本的な構成は同様です。エッセイでは，ディスコースが長くなるため読みやすさや，適切なシグナルの送り方が一層重要になります。

1 ❖ 比較対照を行うパラグラフ

　2つの異なる見解や，特定の事象を比較し，自分の見解を述べるパラグラフも資格試験や研究論文において重要です。図 10-1 が基本の形です。

図 10-1　比較対照のパラグラフ

```
┌─────────────────────────────────┐
│ トピックセンテンス：比較する対象の明確化 │
└─────────────────────────────────┘
              ↓
┌─────────────────────────────────┐
│     対照 1　特徴と例              │
│ (On the other hand / In contrast など)│
│     対照 2　特徴と例              │
└─────────────────────────────────┘
              ↓
┌─────────────────────────────────┐
│     結論　比較した結果の意見       │
└─────────────────────────────────┘
```

　まず，トピックセンテンスで比較の対象を明確にします。次に，一方の特徴や性質を述べ，詳しい例を述べます。続いて，もう一方の特徴を記述しますが，この前にメタディスコースを置き，対照を行うというシグナルを送ります。7章で確認した，On the other hand, In contrast などが有

効です。さらに最後に比較対照を行った結論を述べるのが一般的な書き方です。それではこの形に沿って次の課題を考えてください。

課題 Which is better at university, individual learning or group learning?（大学で学ぶのは個人とグループのどちらがよいか）

このような2つの異なる事柄を比較する場合は，最初に課題を確認し，自分の立場を明確にします。続く文で両者の特徴を述べ，良い点や悪い点を指摘しながら自分の見解を組み立てていきます。

解答例 個人か，グループかのようなテーマでは，一方が絶対に優れているとは一概に言えません。各々にメリットがあり，人により好む方法が異なります。この場合，両者を公平に評価する必要があります。解答例では，個人で学ぶ方が，多量の宿題をこなすのに良い点を強調していきます。

立 場	学び方には，個人とグループと二通りある。大学において，個人で学ぶことを好む理由を述べていく。
対照1 グループ学習	長所　グループでは他人の援助を期待できる
	短所　●いつも他人の学ぶペースを考えなければならない ●学生はそれぞれ好む学び方が異なる
	例　　多くの課題をこなすのに，学び方を変えるのは難しい
対照2 個人学習	短所　孤独感を感じるかもしれない
	長所　●自分のペースで静かな環境で学べる ●書物から学ぶのはとても役に立つ ●図書館は1人で学ぶのによい
	例　　必要であれば有能な図書館職員の助けを借りられる
結 論	大学のキャンパスでは，個人の方がグループで学ぶより効果的である

これを英文に直すと，次のようになります。

立 場	There are two types of study methods: individual study and group study. I will explain why I would prefer to study individually at university.

対照1　グループ学習 　　　　　長所 　　　　　短所 　　　　　例	As students, we can expect some support from other students. However, we always need to think about others' pace of learning. Every student has his or her own favorite style for learning. It is sometimes difficult to modify one's learning style when attempting demanding assignments.
対照2　個人学習 　　　　　短所 　　　　　長所 　　　　　例	On the other hand, there are some advantages to studying alone. Although a student might feel isolated, he or she can work at his or her own pace and enjoy a quiet study environment. It is very useful to study by reading books. University libraries are good places for studying alone. Capable librarians are available to help if needed.
結　論	In short, individual learning is more effective than group learning on campus.

2 ❖ サポート文が複数あるパラグラフ

　英文エッセイでは，1つの話題に関して，より詳しい説明が必要な場合があります。この際，1つのパラグラフ内に，複数のサポート文を記述して説明していきます。次ページの図 10-2 は，3つのサポート文を仮定したモデルです。このようにパラグラフが長い場合は，最後にまとめの結論文を書きます。読者に話題の内容を再度確認させ，理解を促進させます。

　また，各サポート文は，トピックセンテンスの話題展開の視点と結びつけることでパラグラフの一貫性を構築できます。なお，各サポート文の後に，具体例を加えるかどうかは書き手が選択します。1つの文では伝わりにくいと考えた場合は，詳細な例を示すとわかりやすくなります。

　同様に，結論文も必ずしも書く必要はありませんが，これがあるとパラグラフがよくまとまります。ここには，トピックセンテンスで示した話題に関する議論のまとめを書くことになります。このように長いパラグラフ

でも，各文において，最初の文で提示される既知情報と効果的に結びつける必要があるのです。

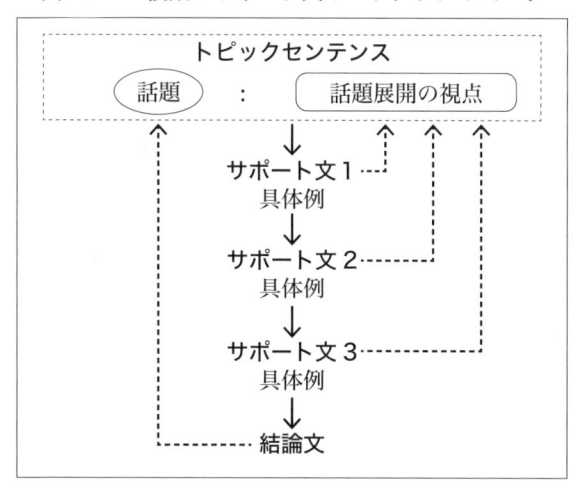

図 10-2　複数のサポート文のパラグラフのムーヴ

```
┌─────────────────────────────────────┐
│          トピックセンテンス           │
│     ( 話題 )  ：  [ 話題展開の視点 ]    │
│         ↓       ↑   ↑   ↑          │
│        サポート文 1 ┄┄┘   │   │      │
│         具体例              │   │     │
│         ↓                   │   │     │
│        サポート文 2 ┄┄┄┄┄┄┘   │      │
│         具体例                  │     │
│         ↓                       │     │
│        サポート文 3 ┄┄┄┄┄┄┄┄┄┄┘     │
│         具体例                         │
│         ↓                              │
│   ┄┄┄┄ 結論文                         │
└─────────────────────────────────────┘
```

例題　次は研究論文の結論部分のパラグラフです。ムーヴの構成を分析してみてください。

① Further investigations are needed to assess the precise nature of strategy use. ② First, in this study there is no discussion of how the participants' gender might have affected the use of strategies. ③ As the gender of participants plays an important role in the use of strategies (Oxford, 1990), this limitation must be borne in mind. ④ Second, it is necessary to combine several assessment methods in order to compensate for problems inherent in the questionnaire method. ⑤ As O'Malley and Chamot (1990) argue, the available data on strategies depends on the collection method. ⑥ Finally, it is essential to see whether the current study method can be carried out across different foreign language contexts. ⑦ Addressing these limitations would enhance our contribution to learning strategy research.

次の図 10-3 が分析例となります。

図 10-3　例題分析例

```
①トピックセンテンス：
　　話題：さらなる研究の必要性　　話題展開の視点：ストラテジー使
　　　　　　　　　　　　　　　　　　　　　　　　用の正確な把握
　　　　　　　　　　↓
② First　サポート文１：性差の影響を考慮していない点の指摘
　　③具体例：Oxford の研究による指摘
　　　　　　　　　　↓
④ Second　サポート文２：質問紙の調査を他の検証方法と照合す
　　　　　　　　　　　　る必要性
　　⑤具体例：O'Mally と Chamot の研究による指摘
　　　　　　　　　　↓
⑥ Finally　サポート文３：他の外国語環境でも検証が必要な点
　　　　　　　　　　↓
⑦結論文：これまで述べた問題点を改善すれば，より正確なストラテ
　　　　ジー研究への貢献ができる
```

　以上のように，このパラグラフはトピックセンテンス，サポート文，結論文というムーヴに沿って議論が進み，読者にわかりやすい構成となっています。パラグラフには一貫性があり，各文が効果的に結びついているので読みやすくなっています。

3 ✧ エッセイの構成：３つのムーヴのパラグラフ

　次に，どのようにパラグラフを組み合わせて英文エッセイを書けばよいのか，基本的なムーヴについて解説します。英文エッセイの基本的なムーヴ構造は，「イントロダクション（introduction）」，「ボディ(body)」，「結論（conclusion）」の３つの部分に分けられます。

3-1　ムーヴ①：イントロダクション

　イントロダクションは大きく３つに分けられます。エッセイのトピックセンテンス，サポート文，論文の主題（thesis statements）です。

(1) エッセイのトピックセンテンス

　英文エッセイのイントロダクションはとても重要です。トピックセンテンスで，そのエッセイに読むべき価値のあることを訴えます。この際，読者の注意を引くために，以下の書き出しがよく活用されます。

- a. 多くの権威者や研究者が重要な話題と認識していることを示す
- b. 興味深い逸話から始める
- c. 歴史的な背景を述べる
- d. 議論する課題の重要性や，普遍性を訴える

　字数制限のある TOEFL や IELTS では，単刀直入に議論を始める d の書き出しが一般的です。課題の一部を引用し，それが大切なこと，一般的に認められていることを述べます。この際，課題の重要性などを示すブースターが使われます。実際のイントロダクションの例を見ましょう。

　10-1 は，動物を使った実験の是非を問う課題の書き出し文です。最初に widely noted という記述があり，広く認識された問題としてブースターが使われています。**10-2** では，都市の交通問題について議論する課題です。an essential element の記述で，重要性を表しています。

10-1　It has been widely noted that millions of animals are used for testing new chemical products.
（何百万もの動物が新しい化学製品の試験のために使われていることは広く知られている。）

10-2　Efficient public transportation is an essential element of an advanced society.
（効率のよい公共交通機関は発達した社会では必須の要素だ。）

(2) サポート文

　続く文は，トピックセンテンスのサポート文で，課題に対してどのような観点から議論をしていくのか示唆します。長いエッセイの場合は，議論の中心の話題を明確に定義します。資格試験の場合は，1文ほどで議論の観点を示唆します。次ページの **10-3** は，動物実験に関して，意見が分かれていることを記述しています。後続の文で，この異なる観点について議論を行うことが予想されます。**10-4** は，自家用車の増加が引き起こす

問題があり，これらの問題への解決策を述べることが予想されます。

10-3 Although <u>some people</u> think animal testing is necessary, <u>many others</u> claim that the animals suffer needlessly.
（何人かの人は動物実験が必要と考えているが，<u>他の多くの人々は</u>，動物は不必要に苦しんでいると訴える。）

10-4 <u>The increase in the number of cars</u> has caused a lot of congestions and pollution.
（<u>車の増加は</u>，かなりの渋滞と公害を引き起こす。）

(3) 論文の主題

　イントロダクションの最後は，トピックセンテンスで定義し，サポート文で説明した課題を，いかなる観点から議論するのか論文の主題を示します。ここで，話題とその話題展開の視点を明確にする必要があります。大切なのは，議論する方法や指針について大まかな情報を伝えることです。

　長いエッセイの場合は，この後に論文の構成を示すと，事前に読者が内容を予想でき，読みやすくなります。基本的には，この場所に，ボディの各パラグラフにおけるトピックセンテンスそれぞれの話題をまとめ，要約しておくとわかりやすい構成となります。

　TOEFLやIELTSの資格試験では，イントロダクションの最後に来る論文の主題の書き方が出題内容で異なります。前述のように，意見を述べる，問題を解決する，比較対照を行うという主に3つのパラグラフの種類があります。各タイプごとに，論文の主題の書き方例を紹介します。

① 意見を述べる例

　意見を求められる課題は，まず自分の立場を明確にし，その理由を議論していきます。**10-5**では3つの理由で賛成すると記されています。この後，3つのパラグラフでそれぞれの理由を述べることがわかります。

10-5 <u>I agree with this point of view</u> for the following three reasons:
（私は，次の3つの理由で<u>この点に関して賛成である</u>。）

② 問題解決をする例

　この場合は，どのような観点から問題を解決していくのか述べます。

10-6 では，公共交通機関の利用を増し，自家用車の使用を減らす具体的な解決策を述べることが示唆されています。

10-6 <u>We have good solutions</u> to encourage the use of public transport and decrease dependence on the car in urban areas.
（公共交通機関の使用で自家用車の依存を減らす<u>よい解決策がある</u>。）

③ 対照をする例
　2つの見解を比べ，一方を選択するような課題では，それぞれの特徴を述べ，長所や短所を議論していきます。**10-7** では，動物実験の良い点や悪い点を議論し，この問題に対する書き手の立場を示すことになります。

10-7 In this essay, I will discuss some of the <u>positive and negative aspects</u> of animal testing.
（このエッセイで動物実験のいくつかの<u>良い点と悪い点を議論する</u>。）

　以上のように，エッセイのイントロダクションは，読者を誘導する重要な役割があります。図 **10-4** には，イントロダクションにおける3つの部分の書き方のポイントをまとめています。

図 10-4　資格試験におけるエッセイのイントロダクション

> **トピックセンテンス**：エッセイの課題の重要性
> 　　　　↓
> **サポート文**：議論を行う観点の明示
> 　　　　↓
> **論文の主題**：議論の方法の示唆

3-2　ムーヴ②：ボディ

　本文のボディでは，イントロダクションで示した論文の主題の内容を次の手順で3つ程度のパラグラフに分けて詳細に説明します。

- 3つ程度の観点でエッセイの主題をサポートする
- それぞれの観点ごとにパラグラフをまとめる
- 必要に応じて各サポート文や具体例で説明する

なお，パラグラフの書き方は，前節までに 3 つのパターンで詳しく説明したので省きます。図 10-5 に示したのは，メタディスコースを使い，各パラグラフをまとめる案です。この通りにする必要はありませんが，初期の段階では参考になります。パラグラフは 2 つでもかまいません。

左側は①意見を述べる，②問題解決する，という課題の例です。ここでは，3 つの独立した観点のパラグラフで議論を進める場合を示しています。第 2 パラグラフが，1 番目と関連している場合は，In addition（これに加えて）や Moreover（さらに）で始めることもあります。最後のパラグラフは，下の 2 つのメタディスコースのどちらでもかまいません。

比較対照の③のパラグラフでは，比較をする対象の 1 つ目から始めるため，メタディスコースは特に必要ありません。第 2 パラグラフから反対の観点を示す際，例のように On the other hand や，In contrast 等で，書き始めます。もし，第 3 パラグラフから比較対照を行う場合は，その前にこれらのメタディスコースを置くとよいでしょう。

第 3 パラグラフが，第 2 パラグラフの追加情報や補足を行う際は，下の例のように Moreover で始めることもできます。

図 10-5　パラグラフを組み合わせるメタディスコース例

①意見を述べる，②問題解決	③比較対照
Firstly,　　第 1 パラグラフ　Secondly,（In addition）　　第 2 パラグラフ　Lastly, Finally,　　第 3 パラグラフ	第 1 パラグラフ　On the other hand,　　第 2 パラグラフ　Moreover,　　第 3 パラグラフ

3-3　ムーヴ③：結論

イントロダクションで提示した課題に対して，ここでまとめて答えます。この際に，以下の 2 点が重要なポイントとなります。

- ボディで議論した重要点をまとめる
- 最後に普遍性のある議論をする

資格試験では，このように 2 文ほどで結論部分をまとめるとよいでしょう。**10-8** は，結論の最初の文で，ボディで議論したはずの公共交通機関が，より多くの通勤者を集める必要性を述べています。最後の文は，都市の生活を快適に改善できる可能性という，やや普遍的な記述です。

10-8 In conclusion, we should make public transport more convenient in order to attract more commuters. By enhancing the use of trains and buses, we can both reduce congestion on city streets and reduce air pollution to make urban living more comfortable.
（結論として，多くの通勤者を惹きつけるために，公共交通機関をより便利にすべきだ。列車やバスなどの利用改善で，都市の道から渋滞を削減し，都市の暮らしを快適にすることができるであろう。）

10-9 は，書き手の主張である動物実験の削減の提案です。解決策として，コンピュータによるシミュレーションの代替手段を提案しています。

10-9 To conclude, although some scientists still use animals to test the safety of newly developed drugs, we should reduce such experiments as soon as possible. We can replace many of them by using alternatives such as computer-based simulations.
（結論は，科学者は新しく開発した薬の安全性を試験するために，未だに動物でテストをしているが，そのような実験はできるだけ早く削減すべきだ。それらの多くを，コンピュータによるシミュレーションのような，代替する技術に取り替えることができる。）

次ページの図 **10-6** がエッセイのムーヴ①から③をまとめた基本的なイメージです。要約すると，まず主題を明確にし，それをいかに議論するか提示します。次に，これを詳細に議論し，具体例で読者を納得させます。最後に要点をまとめ，普遍性を示します。つまり，議論する話題をイントロダクション，ボディ，結論において，少なくとも 3 回繰り返し言及するため，読者に主題を記憶させる効果があります。以上がエッセイを書く上での基本ムーヴとなり，これを活用すれば効果的な英文となります。

図 10-6　エッセイの基本的なムーヴ

```
ムーヴ①：イントロダクション
  • 論文の価値を訴える
  • 話題を明確に定義する
  • 論文の主題：話題を議論する観点

ムーヴ②：ボディ
  パラグラフ１
  ┌─────────────────────────────────────────────┐
  │  トピックセンテンス     サポート文１              │
  │    話題              具体例          結論文     │
  │     ↓                 ↓                        │
  │  話題展開の視点       サポート文２               │
  │                      具体例                    │
  │                       ↓                        │
  │                     サポート文３                 │
  │                      具体例                    │
  └─────────────────────────────────────────────┘
          サポート文の数や，具体例の記述は書き手が選択する

  パラグラフ２
    パラグラフ１と同様
  パラグラフ３
    パラグラフ１と同様

ムーヴ③：結論
  • パラグラフ１〜３をまとめる
  • 結語を述べ，普遍的な議論や提案をする
```

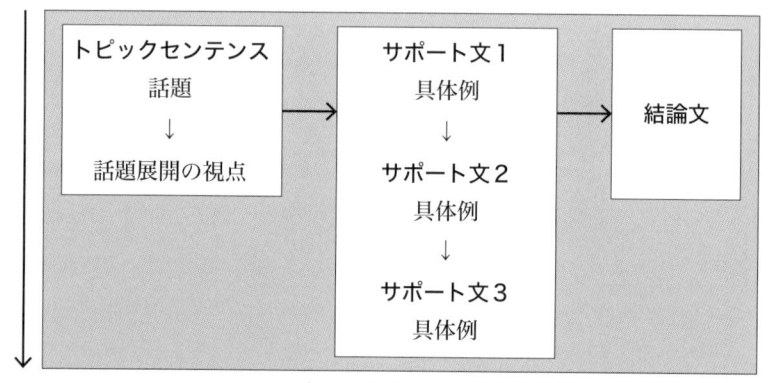

[練習問題]

次の課題についての解決法を英語で述べなさい。

Traffic congestion in city

第2部
英語学術論文の書き方
―― 国際論文採択に向けて

11章 卒業論文から国際ジャーナル論文掲載までの書き方

この章で学ぶこと
- 国際ジャーナルの査読手順
- 学術雑誌の編集者と査読者の役割

　第1部では英文エッセイの書き方を中心に説明してきました。ここからは学術論文の書き方です。一見大変そうですが，皆さんの研究の成果を多くの人に知ってもらうよい機会と思い取り組んでください。

　主に，国際的なジャーナルに採択されるための具体的な書き方を紹介します。これらは重要な研究成果を要求するので，掲載されるのは容易ではありません。しかし，採択されない問題の1つとして，成果の重要性を的確に報告していない論文を投稿している人が意外と多いのです。

　国際的なジャーナルの書き方には一定の基準があります。簡単に言えば，「編集者や査読者にとって読みやすいか」ということです。この基準は普遍的なものなので，国内のジャーナルや学会誌，紀要にも適用されることです。もちろん大学での研究論文，修士や博士論文も同様です。

1 ❖ 学術論文の種類

　以下，第2部では，まず学術論文を評価する編集者と査読者の役割を紹介します。これらの読者に向けた書き方を通して，執筆する際に何が要求されるのか見ていきます。次に，実際の学術論文の構成を確認した後，それぞれの章の書き方を詳しく提示します。まず，イントロダクションから始め，メソッド（研究手法），結果，考察と結論と進み，最後にこれらの全ての要素をまとめたアブストラクト（論文要旨）という構成です。

　各章末には，すぐに使えるテンプレートを掲載しています。執筆する際に利用してください。例文や表現は，実際の国際的なジャーナルに掲載された学術論文のコーパスから抽出した，よく使われるものを活用しています。

　なお，学術論文の種類には，主に以下のようなものがあります。どれも

重要な研究ですが，本書ではどの分野でも多数を占める(1)の実証的研究論文に焦点を当て，ライティングの方法の解説をしていきます。

(1) 実証的研究論文（empirical research paper）
　　新しい課題を提示し，実験や調査で検証する論文。

(2) レビュー論文（review paper）
　　これまでの研究のレビューを実施して，発見の内容をまとめ，批評を行い，該当分野の課題を提示する論文。

(3) 理論構築, 方法論の論文（theoretical, methodological paper）
　　先行研究のレビューをし，既存の理論の再構築や新たな理論の構築を行う。または，既存の研究方法の改善や，新規の研究手法を提示する論文。

2 ❖ なぜ国際ジャーナルの書き方を学ぶのか

　研究者は，研究の成果を発表するのが重要な任務です。その方法には，口頭発表や報告書などもありますが，なぜ学術論文を書く必要があるのでしょうか。また，大学の研究者を目指す人は，できるだけ多くの論文を学術雑誌に執筆する必要があります。それはどうしてなのでしょうか。
　国際ジャーナルに掲載されると，世界中の研究者に読んでもらえます。ジャーナルの出版には，研究分野を代表する編集者や，査読者が協力して参加します。彼らの役割は，研究の成果を正確に評価し，執筆者の記録を「客観的」なものにすることです。この場合の客観性とは，論文の中の実験や理論の展開を，別の研究者がいつでも再現できるような状態です。こうすれば，後進の研究者たちが正確にその内容を理解し，各自の研究に活用したり，参考にしたりできます。
　学術論文として掲載されることで，研究成果がその分野への貢献として記録されることに意義があります。研究者はジャーナルに掲載されるような，客観的評価を受けた研究のできる資質を証明する必要があるのです。
　レベルの高い国際ジャーナルでは，短期間に多くの人に研究成果を読ん

でもらえます。一般的にレベルの高さは，各ジャーナルが持つ，論文の引用件数である，インパクト・ファクター(impact factor)などの度合いが参考になります。この数字が大きいほど，客観性が高く，研究分野への影響が大きいという1つの目安となります。たとえば，採択が最も難関であるNature誌等は，この数字が特に大きくて，自然科学分野で1位となっています。国際的なジャーナルは，それぞれがインパクト・ファクターを持ち，研究者はできるだけこれが高いものに投稿しようとします。

　国際的な学術雑誌の採択は厳しく，何度も書き直しを求められることもあります。しかし，投稿するメリットは，世界の一流の研究者から直接コメントをもらえる貴重な機会が得られるということです。また，一度掲載されると，様々な研究者から問い合わせを受けます。国際学会では，論文を読んだ人から声をかけられることもあります。さらに，共同研究や書籍の執筆にも誘われる機会もあり，研究者としての世界が広がります。たとえ採択されなくても，査読者からのコメントを参考に書き直せば，他のジャーナルに応募することも可能なのです。

　皆さんは，国際的な研究者を目指す人ばかりではないでしょう。しかし，学術論文の評価基準は，どのジャーナルもあまり変わりません。より客観性のある書き方を学べば，様々なアカデミック・ライティングに対応できます。このような理由で，本書は研究論文の最終目的である，国際ジャーナルの書き方を活用し，その基本を説明していきます。

3 ❖ アカデミック・ライティングの読者

　何度も確認したように，英語はリーダー・センタード，つまり読者を意識してわかりやすく書くことが大切です。学術論文の場合はジャーナルを読む人が読者ですが，その人たちにとって価値があるのかどうか決めるのは編集者と査読者です。それぞれ役割が違いますので，彼らが何をどう読むのか，図11-1を参照しながら詳しく説明します。

> **ポイント**　論文は，主にジャーナルの編集者と研究分野を代表する2人の査読者に向けて書く。

図11-1　ジャーナル採択のフローチャート

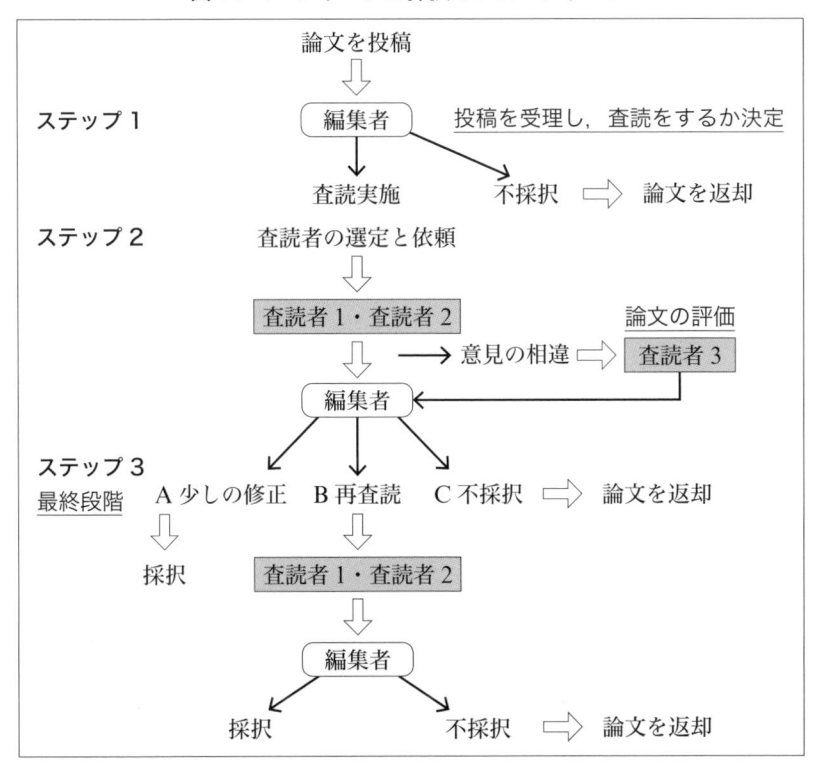

```
                    論文を投稿
                       ⇩
ステップ1           ┌─────┐       投稿を受理し，査読をするか決定
                   │ 編集者 │
                   └─────┘
                    ⇙     ⇘
                 査読実施    不採択 ⇨ 論文を返却

ステップ2        査読者の選定と依頼
                       ⇩
                ┌──────────────┐                 論文の評価
                │査読者1・査読者2│                ┌─────┐
                └──────────────┘  → 意見の相違 ⇨ │査読者3│
                       ⇩                         └─────┘
                   ┌─────┐ ←─────────────────────────┘
                   │ 編集者 │
                   └─────┘
ステップ3          ↙    ↓    ↘
最終段階    A少しの修正  B再査読  C不採択 ⇨ 論文を返却
              ⇩         ⇩
             採択   ┌──────────────┐
                   │査読者1・査読者2│
                   └──────────────┘
                          ⇩
                      ┌─────┐
                      │ 編集者 │
                      └─────┘
                       ↙    ↘
                     採択    不採択 ⇨ 論文を返却
```

3-1　編集者の役割

　最初に投稿された論文を読むのは，編集者（editor）と呼ばれる人で，研究領域の著名な人が務めます。彼ら自身が，インパクト・ファクターを持つ代表的なジャーナルに複数回掲載された経験のある人々です。

　まず，図11-1のステップ1において，投稿された論文を一読し，審査するのが適切か判断します。彼らが特に注意して読むのは，アブストラクトです。ここで研究の全体像が把握できます。同様にイントロダクションも重視します。研究計画がしっかりできているか確認できるからです。さらに論文全体を読み，審査する価値があると考えればステップ2へと進みます。

　編集者はこの段階で論文を評価してくれる査読者を探します。このプロ

セスは困難で，出版社や自分のネットワークを使い頼みます。難しい理由は，高い研究実績を持つ研究者の中から，投稿された領域に適する人を選ばなければならないためです。自分の忙しい研究活動の合間に，無償でボランティアを引き受けてくれる査読者を探すのは容易ではありません。

編集者は，適任と思われる研究者にアブストラクトを送り，査読を引き受けてくれるか確認します。通常は2人の査読者を選定します。4~8週間の期限で査読者から評価結果を受け取り，この2人の結果から採択の最終判断をします。これをピアレビュー(peer review) と呼びます。ただし，判断は査読者の評価を尊重します。ジャーナルへの採択は，このステップ2で査読者を説得できるかにかかっています。2人の査読者の評価が極端に異なる場合は，3人目の査読者に依頼することもあります。

ステップ3で，「A 少しの修正」と判断された場合は，投稿者へ書き直しを指示します。修正が終われば，内容を確認し採択を認めます。「B 再査読」は，重要な修正すべき課題がある場合です。一定の期間内に，投稿者に査読者のコメントを参照して，修正した論文の再提出を求めます。再び提出された論文を，もう一度，査読者に評価をしてもらい，重要な課題が解決されているか確認してもらいます。査読者が十分と認めた場合は，さらに簡単な修正を指示して採択へと進みます。残念ながら，書き直しが不十分と判断された場合は，不採択となり，論文は返却されます。

また，ステップ3で査読者が，C 不採択と評価した場合は，そのジャーナルには適切でないということで，編集者が投稿者にその旨を報告します。このように，編集者は採択過程の重要なコーディネーターと言えます。

図11-1の各ステップの内容と，編集者の読み方，およびそれに対して書き手がどのように対応すればよいのかを表11-1にまとめました。

ポイント

編集者へ訴えかける書き方を意識する。
1. ジャーナルのフォーマットに従って，必要事項をもれなく書く。
2. どの分野の研究で，何を貢献するのか明確に示す。
3. 特にアブストラクトは注意して書く。

表 11-1　編集者の読み方とその対策

編集者の読み方	書き手の対策
ステップ1　査読するのが適切かの判断	
ジャーナルの目的や分野に合うか 　⇒アブストラクトの書き方（22章）	□事前に応募要領や執筆ガイドを熟読 □最近採択された論文が，自分の研究と関連がある領域か確認
英語や論文の形式は適切か	□信頼できるネイティブチェックの依頼
ステップ2　査読者の選定と依頼	
誰が査読者として適任か 　⇒イントロダクションの書き方（13章）	□研究分野の重要な論文は必ず引用 □できるだけ最近の論文も引用 　（引用した論文の筆者の中から査読者が選ばれることもある。）
ステップ3　最終判断	
査読者が指摘した課題への修正は十分か	□査読者のコメントには全て対応 □誠実な書き直しと丁寧な対応

3-2　査読者の役割

　査読者の役割は，提出された論文を該当のジャーナルに記載するべきかどうかの判断をします。学術論文を執筆する重要な目標は，いかに査読者を納得させるように書くかということになります。

(1) 誰が査読をするのか：査読者の多くは特定の研究分野の権威者

　国際的なジャーナルの場合，編集者が特定の研究者を選び査読を依頼します。選定の条件は，その人の論文がレベルの高いジャーナルに掲載されていることです。つまり，国際レベルの実績を持つ人となります。ただし，いかに研究実績があっても，査読の仕方が適切でない，または必要以上に評価が厳しいと依頼されなくなります。結果として，経験豊富で公平であり，客観的な判断をする人が査読を行うことになります。皆さんの研究分野における，実績ある先輩研究者と考えてください。

　まずこの権威者に対して，自分もその分野の正式なメンバーにふさわしい論文を書いたと認識させる必要があります。これはそれほど難しいこと

ではなく，重要なこれまでの研究を，論文の中でしっかりと引用すれば大丈夫です。

次に大切なのは，他の研究者に対して敬意を示すことです。先行研究に対して，批判的に読みこなさないと新しい発見はありません。しかし，既存研究の問題点などを論文で指摘する際は，公平さと丁寧さに注意すべきです。ここで有効なのが8章で説明したヘッジの使い方です。自分の引用した論文の執筆者が，査読者になることも少なくありません。そのような場合，面と向かって批判されて冷静に判断をできる人がいるでしょうか。先輩研究者たちの成果も尊重しつつ，上手に独自の研究課題を提示すべきです。

ポイント
査読者への書き方を意識する。
- 研究分野の一員を示す。⇒ 重要な研究は必ず引用する。
- 先行研究の問題点を書く。
  ⇒ ヘッジを使って丁寧に行う。(⇒ 8章)

(2) なぜ相手が査読をするのか考えて書く

査読者はボランティアで，自分の研究も忙しい人々という点を覚えておきましょう。国際ジャーナルの査読者に選ばれることは，研究者として名誉なことです。でもこれは最初のうちだけで，何度も頼まれると，あまり重要な点ではなくなります。後進へのサポートという認識もありますが，多忙な中にでも引き受けるには，読んでみたいと思わせる研究であることが必要です。

それでは，どのような研究を読んでみようと思うのでしょうか。まず，読みやすく書かれているものです。このために2章で触れた，英文の一貫性の構築が大切です。ディスコースに流れを作り，ムーヴを構築します。これらが確立されていないと，投稿者が何を言いたいのかわからず，査読者は困難を感じます。

最も大切なのは，新たな発見や最新の調査結果など，研究分野に貢献する論文かどうかです。これはよい研究をするしかないので，皆さんの肩にかかっています。ただし，最大限に価値を訴えるように書く方法もありま

す。それが6章で示した，文頭のメタディスコースの活用です。うまく読者の注意を喚起し，自分の一番伝えたいことを提示すべきです。

査読者は，編集者から送られたアブストラクトをまず読んで，査読を引き受けるかどうか，ある程度判断します。次に，イントロダクションを読み決めることになります。

> **ポイント**
> 査読者に適切に読んでもらうディスコースを構築
> - 読みやすい論文を書く。
>   ⇒ディスコースの一貫性とムーヴの構築
> - 査読者へ読む価値を訴える。
>   ⇒文頭のメタディスコースの活用

練習問題

この章を参考にして以下の質問に答えなさい。
(1) 国際ジャーナルの編集者の役割はどのようなものか。
(2) 査読者はどのような人が選ばれるのか，査読者に対してどのような書き方が必要か。
(3) ピアレビューとは何か，簡単に説明しなさい。

12章 ジャーナル採択の基準と学術論文の構成

この章で学ぶこと
- 読者であるジャーナルの編集者と査読者を意識して書く
- 学術論文の構成と役割を理解する

　日本では，本格的なアカデミック・ライティングの講座を導入している大学はまだ多いとは言えません。今後，国際的な基準を学ぶ機会が増えれば，英語で研究成果を適切にアピールできる方も多くなるでしょう。基本が身に付けば，書き直しも減り，採択されるスピードも上がります。

1 ❖ 学術論文の評価

　大切なことは，学術論文はその分野の人に役立つことを報告するのが目的だということです。役立つというのは，何か新しい研究成果を伝えているということです。つまり，自分の研究の成果が，その分野に貢献する内容だということを読者に対して明確に書くのです。

　ジャーナルによって，査読の評価の基準に多少の差はあります。しかし，共通の項目も多く，表12-1の5つが代表的な評価の観点となります。表の右側に，これらの項目に対して，主に論文のどこで書けばよいのか記載しています。本書のどの章で取り扱っているかも記しました。

表12-1　査読者の5つの評価項目

共通の評価項目	どこで書くか （対応する本書の章）
1. The research is sufficiently novel and interesting for the publication. 十分新規的な内容で興味深いか	イントロダクション （⇒ 13, 14, 15 章） アブストラクト（⇒ 22 章）
2. The research question is important and concisely stated. 研究課題は重要か，端的に述べているか	イントロダクション （⇒ 13, 14, 15 章）

3. The experimental and theoretical methods are described comprehensively. 実験の方法，理論の展開は十分か	メソッド （⇒ 17, 18 章）
4. The interpretation and conclusions are justified by the results. 実験の結果に基づいた解釈や結論か	研究結果　　（⇒ 19 章） ディスカッション・結論 （⇒ 20, 21 章）
5. The relationship between theory and practice is well-developed. 理論と実践の関係の構築は十分か	ディスカッション・結論 （⇒ 20, 21 章）

1-1 具体的な評価方法

　評価は一般に，① Accept（掲載受理），② Minor Revision（少しの修正），③ Major Revision（大きな変更），④ Reject（却下）の 4 段階です。

　国際的なジャーナルでは，1 回目の投稿で①「掲載受理」はほとんどなく，②はまれで，③または④の結果が多いと思われます。この際の基準は，表 12-1 の 5 つの評価項目をどれだけ達成しているかです。査読者は，最終的に全ての項目ができていることを求めます。特にレベルの高いジャーナルは，1 の発見の新規性や興味深さがポイントになります。また，いかに素晴らしい実験結果を得たとしても，2 の観点で，その重要性を端的に伝えているか確認します。次に，3 の項目に照らし合わせ，その発見が信頼できる実験手法や，理論に基づいて行われているのか判断します。さらに 4 の項目では，応募者のディスカッションや結論が，論文の中で示された結果に沿ったものであるのか，拡大解釈ではないかなどを評価します。

　意外と見過ごされがちなのが 5 の項目です。実験の目的や得られた結果は，これまでの先行研究の理論や成果とどのような違いや，共通点があるのか，最後に再度まとめる必要があります。これを明確にすれば，該当の研究領域にいかに貢献したのかを査読者に訴えることが可能となります。

　上の 5 つの項目に基づき評価を行い，2 人の査読者の結果が，②の評価で一致した場合に，編集者は 11 章の図 11-1 のステップ 3 の「A 少しの修正」とします。どちらか一方，または両方とも③の評価をした場合に編集者は，「B 再査読」とします。両方とも④だと「C 不採択」となります。どちらか一方だけが④の場合や，2 人の査読者の評価に極端な違いがあれ

ば，3人目の査読者を選定します。

1-2 評価への対応

　Aの結果であれば，後は掲載へ向けた最終過程へ進みます。編集者から，具体的な修正点や掲載時期の予定などの報告もあります。修正には最大の注意を払い，正確に仕上げていきます。

　Bの場合，修正事項がたくさん書かれていたり，研究の根本的な問題を指摘されたりする場合があります。一生懸命に書いた論文が鋭く批評され，自信を失うこともあります。しかし，がんばって査読者の指示に沿って書き直し，再度投稿をしましょう。採択の可能性は十分にあります。

　困るのは，2人の査読者で評価や観点が異なる場合です。書き直しの場合は厳しい評価の方に合わせるのが無難です。再投稿した場合，その査読者を納得させない限り採択はありません。

　修正を求められた箇所は，全てに対応して書き直しましょう。また，客観的に見て納得のいかない点や，査読者のミスと思えるところがあれば，ヘッジを利用して丁寧に尋ねましょう。

　Cの却下は，とても残念な結果です。たとえ書き直しをしても，再投稿を受け付けてくれないでしょう。この場合は，冷静に考えて論文がそのジャーナルの要求するレベルに達していなかったということです。

　ただし，研究のアプローチの問題より，アカデミック・ライティングとしての書き方が十分でないということもあります。具体的には，前章で示したように，編集者や査読者が読んでわかりやすいように書かれていないということです。表12-2に論文の評価をもらった後の対応をまとめます。

表12-2　査読者と編集者の評価と対応

査読者の論文の評価	編集者の評価	対応など
① Accept	Accept	そのまま掲載（ほとんどない）
② Minor Revision	A	簡単な修正で掲載
③ Major Revision	B	書き直し後に再投稿
④ Reject	C	書き直し，他の雑誌に投稿

編集者の評価　A：簡単な書き直し　B：書き直し後に再査読　C：不採択

2 ❖ 学術論文の構成

2-1 ムーヴの構築

　編集者や査読者に自分の研究の価値を訴え，納得させるためには，論文をしっかりとした構成にする必要があります。これは学術論文のムーヴを各章の目的に合うように構築することで可能になります。

　この基本的手法として論文のアブストラクト（abstract）に続く本文は，通常 IMRD (Introduction, Method, Result, Discussion)，つまりイントロダクション―メソッド―研究結果―考察といった章構成とするのが標準的です。しかし研究分野やジャーナルによっては，これに結論（Conclusion）が付け加えられます。論文の本文の最後に，付表（Appendix / Appendices）と，参考文献（References）が加えられます。Acknowledgement に謝辞や，研究をサポートしてくれたスポンサーを記載する場合もあります。

　次の13章以下に，それぞれの書き方を詳細に述べます。ここでは要旨のみをまとめます。各部分で書き方に特徴的なムーヴがあり，ディスコース・ストラテジーを多く活用します。

2-2 各章の構成要素

(1) タイトル（Title）

　ここで，できるだけ読者の注意を引く必要があります。短く的確に研究内容を反映するようにします。

(2) アブストラクト（Abstract，論文要旨）⇒ 22 章

　編集者や査読者が読んで，次のステップに進めるべきか決める，最初の関門です。しっかりと要旨のムーヴを構築して，読者に読む価値があることを訴えましょう。ジャーナルによっては，キーワード（Keyword）を求められます。その際は論文を反映する，重要な語句を3〜5つ書きます。

(3) イントロダクション（Introduction，序論）⇒ 13，14，15 章

　編集者や査読者が，論文の査読をするべきか決める最も大切な章です。ここのムーヴは，どの研究分野でも，ある程度共通性があり，研究の重要性，課題の明示と解決法などを記載します。また，自分が研究領域（academic society）のメンバーであることを証明するため，重要な先行研究は必ず引

用します。既存の論文の批評をし，研究の新規性を訴える場合はヘッジを使って丁寧に行います。

　人文科学分野では，この章に続く，研究の背景（Background）や論文のレビュー（Literature Review）を書く場合もあります。この箇所では，どのような理論を活用するのか明確にします。また，代表的な研究領域の論文をより詳しく正確にレビューして，自分の研究の位置を示します。さらに時制のストラテジーをうまく活用し，研究スタンスを示す必要があります。

　イントロダクションで，設定した研究仮説（Hypothesis）を書くと，読者にこの論文で何を貢献しようとしているのかわかりやすくなります。

(4) メソッド（Methods，研究方法）⇒ 17，18 章

　書き手の研究方法が妥当か，信頼性があるかを読者に示すところです。基本的には，類似した先行研究の代表的な手法を使いましょう。研究データは，何を対象にし，いつ，どのように収集したのか詳細に書くべきです。一番大切なのは，研究の再現（replication）が可能かという点です。他の研究者が同じ条件で，同じ実験などを行えるように報告することです。

　さらに研究課題であるリサーチ・クエスチョン（Research Question）に対応した研究手法を記載するとわかりやすくなります。

(5) 結果（Results）⇒ 19 章

　上のメソッドで記載した手法から得られた，研究の結果を正確に伝えます。研究領域の先行研究を参考に，図や表を入れるとわかりやすく，読み手に強く印象づけられます。自然科学では，写真も重要な結果報告となります。よい結果も，悪い結果も必ず書きましょう。

(6) ディスカッション・考察（Discussion）⇒ 20，21 章

　ここは，最も英語力が必要とされます。得られた結果の解釈を行う箇所で，該当する研究領域にどのような貢献をしたのか，具体的に述べます。イントロダクションで示した既存の理論とすり合わせて，研究成果の価値や独自性を訴えます。特に，ディスコースの一貫性を確立して読みやすくします。同時にヘッジをうまく活用して，自分の議論の弱点を防御します。

(7) 結論（Conclusion）⇒ 21 章

　ここは研究の成果をまとめる章です。研究分野によっては，上の考察と

一緒にしたり，写真などを多く使う紙面の関係で省いたりする場合もあります。また，成果を強調するだけでなく自分の研究の不備な点や，不足する情報を書くことで，客観的な研究者であることを示します。こうすれば，査読者からの批判をあらかじめ避けることができます。これらの点も踏まえて，後進の研究者への示唆（implications）を書きます。

(8) 引用文献（References）
　国際論文では，参考にした研究ではなく，本文中に記載したものだけを書きます。代表的なものとしてAPA（American Psychological Association）などのフォーマットがありますが，ジャーナルによって少しずつ違う点もあるので注意が必要です。

(9) 付表（Appendix / Appendices）
　実験に使った資料や，本文中に記載してない図表をもれなく書きます。

(10) 謝辞（Acknowledgement）
　論文の出版の過程でお世話になった人に謝辞を述べます。中には，査読者や，指導教官への謝辞を書く場合もあります。科学研究費の補助や，その他の研究奨励金による場合は，その旨も記載します。

3 ❖ 研究分野ごとの主な特徴

　アカデミック・ライティングの基本は同じですが，詳細な書き方は研究分野によって違いがあります。自然科学，人文科学，社会科学のジャーナルの特徴と，学術論文における各章の重要度を次ページの表**12–3**にまとめました。各構成要素において，読者に提示すべき主要な内容と，書く際の留意点を記載しています。ただし，全ての分野やジャーナルを網羅しているわけではないので，あくまで参考資料として活用してください。執筆する前に，自分が投稿するジャーナルの規定をよく確認しましょう。

表 12-3　学術論文構成の分野別早見表

項目	提示内容	留意点	自然	人文	社会
Title（タイトル）	内容と目的	読者の目を引く	◎	◎	◎
Abstract（要旨），Keywords	研究のまとめ	価値を訴求，ムーヴの構築	◎ ○	◎ ○	◎ ○
Introduction（序論）	研究分野の一員，研究の重要性，明確な目的，	ムーヴの構築，ブースターの活用，ヘッジの使用，	◎	◎	◎
Backgrounds（研究の背景）	十分なレビュー，理論の提示	時制の活用	△	◎	○
Methods（研究方法）	適切な分析方法	確立された手法，妥当性と信頼性	◎	○	◎
Results（研究結果）	客観的証拠	結果の見やすさ，妥当性と信頼性	◎	○	○
Discussion（考察）	理論との照合，貢献内容	独自性の強調，ヘッジの使用	○	◎	◎
Conclusions（結論）	まとめ，次への課題	ヘッジの使用，時制の活用	△	△	△
References（引用リスト）	引用文献	指示された形式	◎	◎	◎
Appendices（付表）	実験資料，詳細な図表	もれなく記載	△	○	○
Acknowledgement（謝辞）	研究サポート，謝辞	必要に応じて	△	△	△

人文：応用言語学など人文科学，社会：経済・経営など社会科学，自然：自然科学
◎：絶対に必要　○：必要　△：場合によって必要

3-1　自然科学系ジャーナルの特徴

　自然科学は研究領域が細分化され，同時に多数の論文が発表されます。たとえば Nature は毎週発行されます。1週間に200本ほどの投稿があり，出版されるのは10本です。年間で800本近くの論文が掲載されます。
　また，特定の細分化された研究分野や領域のジャーナルも多くあります。このため，その領域に関して，先行研究に関する情報を共有している

という前提もあります。関連の論文が多く発表されるので，領域で一般に認知されていることは書く必要がありません。また先行研究の詳細なレビューなどは，人文科学に比べるとあまり必要はありません。

　自然科学のジャーナルでは，研究手法のメソッド（Methods）と研究結果（Results）が特に重要となります。メソッドは，その実験を他の研究者が追加検証できるように書きます。研究結果は特に大切で，新しい発見を最大限アピールする必要があります。詳細な図表や写真をわかりやすく掲載します。これらが，紙面における研究成果の発見の証拠になるからです。

3-2　人文科学系ジャーナルの特徴

　応用言語学などの人文科学の分野のジャーナルは，多くても季刊の年4回の発行です。1年でせいぜい30本弱しか掲載されません。これは自然科学に比べると，新規の発見が頻繁に起こる分野ではないためです。採択数が少ないため，1つの学術雑誌に掲載されている研究の領域は多様になります。論文が投稿されてから出版に至る時間も長くなります。

　自然科学に比べると，読者に特定の研究領域の背景知識が共有されにくく，研究の背景を書く Backgrounds がより重要になります。ここで，どの研究領域のいかなる分野なのか，読者に十分に示す必要があります。また，結果の解釈や，分野への影響を独自の観点から詳細に述べる，結果の考察に特に力を注ぎます。表 12-3 において研究方法や研究結果が絶対に必要な◎でないのは，理論的な展開を重視するジャーナルもあるからです。

3-3　社会科学系ジャーナルの特徴

　大まかに言えば，自然科学と人文科学の中間に位置すると考えられます。ただし，理論的なものから，データ重視なものなど，多岐に渡っており，ジャーナルによってかなり違いがあります。投稿する学術雑誌が自然科学・人文科学の分野のどちらに近いのか，よく確認してから書きます。

|練習問題|
　査読者が論文を評価する5つの項目について説明しなさい。

12章　ジャーナル採択の基準と学術論文の構成　119

13章 イントロダクションの書き方・1

この章で学ぶこと
- イントロダクションの役割と構成を理解する
- イントロダクションのムーヴ①の書き方を学ぶ

　学術論文の書き方で特に重要なのは，最初の部分であるイントロダクションのムーヴを確立し，読者を惹きつけることです。前章で述べたように，ここの完成度がジャーナルの編集者や査読者の評価を左右します。
　イントロダクションで具体的に書くのは，12章の表 12-1 で示した，査読者の5つの評価項目の1と2の次のような項目です。

- 査読ポイント1：十分新規的な内容で興味深いか
  (The research is sufficiently novel and interesting for the publication.)
- 査読ポイント2：研究課題は重要か，端的に述べているか
  (The research question is important and concisely stated.)

　イントロダクションを2つの部分に分けることがあります。論文全体の設計図を示す部分と，詳細な先行研究の文献レビューを行う Literature Review です。前者は全ての分野で必要ですが，後者は人文科学系などで重要視されます。論文を書くに至った経緯を示す研究の背景であり，著者によっては Background として記載します。この部分は，自然科学系のジャーナルでは，それほど重きを置かないようです。
　各分野で共通である研究の設計図部分の書き方を説明していきます。

1 ❖ イントロダクションの構成

　イントロダクションは，これまで触れた様々なストラテジーが最も必要とされるところです。また，査読者がその論文を採択するかどうかにも大きな影響を与えます。まず，何をどのように書く必要があるか確認した後で，実際の書き方の例を示します。

1-1 研究の設計図を作る

読者に論文の価値を訴え，内容をよく理解してもらうには，特定のムーヴに沿って書く必要があります。研究分野によって多少は異なりますが，イントロダクションのムーヴは，大きく分けると以下の3つが基本です。

ムーヴ①：研究分野の定義と重要性の提示
ムーヴ②：先行研究で未達成な課題の明示
ムーヴ③：その課題への対処

図13-1　イントロダクションのムーヴ

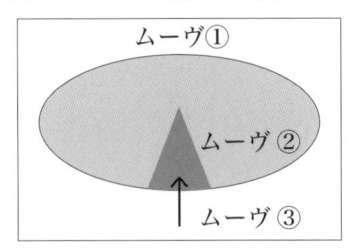

具体的には，ムーヴ①では，書こうとしている論文はどの領域で，なぜそれが重要であるかを読者に訴えます。先行研究を適切に活用し，代表的な研究として，これまでどのようなことが行われてきたか述べます。また，最新の重要な研究なども引用して，書き手がその分野を十分に調査していることを示します。11章3節の査読者への書き方で説明した，研究分野の一員の資格を持つことを示す必要があります。

ムーヴ②では，その論文で扱う課題の価値を訴える必要があります。これまでの研究で見過ごされている点や，不十分な点を明示したり，主張されてきたことに反対の意見を述べたりします。先行研究のテーマを継続する補足研究である旨を述べるものもあります。このような書き手の主張の前提となるのは，研究領域の先行文献の詳細なレビューです。

査読者は，特にここに注目します。上の査読ポイント1の「十分新規的な内容で興味深いか」です。書き手が，これまで見過ごされている課題と主張しても，既に他の学者が類似の研究をしていることもあります。また，これまでの研究に反対する見解を述べているつもりでも，その根拠が十分でない場合もあります。補足研究を行う意図を示しても，それ自体にあまり新規性や意味のない場合もあります。

経験を積んだ査読者が選ばれるのは、彼らはその分野の代表的な先行研究を十分に把握しているからです。このため、ムーヴ②での書き手の主張の正当性を適切に判断できるのです。

ムーヴ③において論文の目的を明確にすることになります。ムーヴ②で示した、先行研究の未達成の課題を、その論文がどのように解決するのか明らかにします。この点を十分にアピールできれば、査読ポイント2の「研究課題は重要か、端的に述べているか」に対応できます。

また、ムーヴ③の後半では、提示した課題に取り組んだ結果を示唆する場合もあります。さらに、後に続く章で、どのようにその課題の解決を提示するのか、論文の構成を伝えることもあります。

1-2 読者にアピールするイントロダクションを書く

実は、図13-1の3つのムーヴは、研究を行う方法と同様のプロセスです。まず、先行研究をよく調べ、その領域の意義を認識します。当該分野の重要な研究を精査し、これまで扱われていない課題を見つけます。さらに仮説を立て、その解決方法を確立し、答えを導き出していくのです。当然ですが、これらの過程を十分に行わないと、学術論文を書くのは困難になります。

イントロダクションの3つのムーヴの目的について、表13-1に査読者の観点からまとめました。表からわかるように、この部分は論文の設計図となっています。このため、編集者や査読者はイントロダクションを読めば、しっかりとした研究計画に基づき書かれた論文かどうかわかるのです。この表を利用して書き、原稿を推敲する際にムーヴを確認し、査読者にわかりやすいイントロダクションに仕上げて下さい。

それでは、この表に沿って、各ムーヴの書き方を詳しく見ていきます。

表13-1　イントロダクションのムーヴ構成と対策

ムーヴ	目的	対応	査読者の観点
①	・研究領域を定義 ・重要性を訴求	・主要な研究を引用 ・ブースターの活用	研究分野の一員の資格があるか
②	・研究ニッチの明示 （検証されていない課題を提示）	・先行研究の問題を指摘	査読ポイント1： 十分に新規的な内容で興味深いか

③	●研究成果の価値の訴求（研究課題の独自性）（必要に応じて）●結果の示唆●論文の構成を提示	●課題の対処方法を明示●結果を予告●構成の順番を示す	査読ポイント2：研究課題は重要か，端的に述べているか

2 ❖ ムーヴ①の書き方：研究分野の定義と重要性の提示

　アカデミック・ライティングでは，自分の主張にできるだけ客観性を持たせなければなりません。このために先行研究を上手に引用し，内容の正当性や重要性を伝えます。具体的な引用の方法を見ていきます。

2-1　先行研究の引用方法

　これまでの研究を論文に引用する時は，研究者名とその論文や著書の発表年数を記載することで示します。

　Hyland (2011)：Hyland が 2011 年に発表した研究成果

　同じ著者が同年に複数の成果を発表している時は，次のように古い順に年号の後にアルファベットを付けて区別します。

　Hyland (2010a) ... Hyland (2010b)

　1つの文に記載する際は，Hyland (2010a, 2010b) となります。文末などで引用する時は研究者名も（　）の中に入れます。

　... (Hyland, 2010a)

　2つ以上の研究を（　）の中に並べる場合は，間にセミコロンを入れます。順番は，研究者名のアルファベット順に記載します。

　... (Hyland, 2010a; Johnson, 2008)

　引用には，文中に入れる統合引用（integrated-citation）と，文末にまとめる非統合引用（non-integrated-citation）の2種類があります。次の各例にはどのような違いがあるでしょう。

13-1 Johnson (2008) recognizes the importance of qualitative data analysis in the field of motivation.

13-2 The importance of qualitative data analysis in the field of motivation is identified (Johnson, 2008).

13-1 のように，統合引用を使う場合，その研究自体に焦点を当てていることになります。書き手が主観的に，自分の論文の中で重要な位置を占める研究と考えて引用します。**13-1** では，2008 年に Johnson が発表した，「動機付けの研究には質的なデータの研究が重要だ」という成果を，書き手が論文で活用するということを示します。

13-2 のような非統合引用の場合は，記述した内容が一般に客観的な事実として認識されていると考え，その根拠となる研究として文末に記載します。この例文では，書き手が「質的なデータの研究は重要な手法」であることを，事実として一般に認識されていると見なしています。それを裏付ける証拠が Johnson の 2008 年の研究成果ということになります。

それでは，次の例は，上の **13-2** とどのように違うのでしょう。

13-3 The importance of qualitative data analysis in the field of motivation has been identified (Hyland, 2011; Johnson, 2008).

この非統合引用には 2 つの研究が記載してあります。複数の研究で提示されたということを意味し，より客観性が高くなります。例 **13-3** の方が，より事実として認識されているという意味合いが強くなります。

> **ポイント**
> 統合引用と非統合引用をうまく使い分ける。
> ・統合引用の研究は，自分の論文で主観的に活用する。
> ・非統合引用の研究は，客観的な事実として考えている。
> ・複数の研究を引用すると，より客観性が高くなる。

2-2　スタンスを表す時制の活用方法

p.122 の表 **13-1** で示したように，ムーヴ①の大切な役割は，研究領域を定義して，それに関連する自分の論文が重要だと訴えることです。このために，代表的な研究を複数引用し，客観的に大切だと認められている課

題であることを示します。引用数が多ければ，それだけ客観性が増します。

　目安として，最低3つは代表的な論文を選び言及するとよいでしょう。先行研究でよく引用されている研究が記載されていない場合，「投稿者は十分に先行研究をレビューしていない」，と査読者は考えます。その領域の研究者メンバーとしては，十分な資格がないと見なされるのです。

　イントロダクションで大切なのは，書き手の研究スタンスの明示です。つまり，自分の研究はいかなる理論に沿ったもので，どのような概念を中心課題としているのか明確にします。7章で示したように，これは一般に特定の時制を使うことで表します。ムーヴ①では，引用する先行研究を，スタンスを表す時制のストラテジーと共に言及するのです。以下の点をもう一度確認しましょう。

時制によりスタンスを表すストラテジー(⇒7章)
- 伝達動詞の時制で読者にスタンスを示す。
- 現在時制は自分の主張やスタンスに近いことを表す。
- 過去時制は一過性でそれほど支持していないことを表す。
- 現在完了は前提や定説として客観性があることを表す。

(1) 現在時制

　伝達動詞の現在時制は，引用した研究が書き手の論文の構築に中心的な役割を果たすことを意味します。自分の研究の基としている理論に関する研究や，その分野の代表的な研究成果で，これらは書いている論文の正当性を示すのに使われます。

　次の例 **13-4** では，Malcom が 2006 年に発表した，「2重課税の影響に関する証拠」を書き手が支持しており，論文でその成果に関連した議論について展開することを暗示しています。ここで注目したいのは，発見したのは，2006年の時点なので，執筆している時は既に過去の出来事です。しかし，found ではなく，finds という現在時制で使っています。つまり，その発見を普遍的な事実として扱うスタンスを示しているのです。

13-4　Malcom (2006) <u>finds</u> significant evidence for the impact of double taxation on cross-border acquisitions.

(2) 過去時制

次の伝達動詞の過去時制では，書き手はそれぞれどのようなシグナルを送っているでしょう。

13-5 The importance of qualitative data analysis in the field of motivation was identified (Johnson, 2008).

13-6 Johnson (2008) identified the importance of qualitative data analysis in the field of motivation.

13-5 では，動機付けの研究領域において，質的なデータ分析を行う研究が重要視された時期が，2008年にあったことを表しています。過去のある時点での研究分野の経緯を示しているだけで，書き手はその主張を特に支持しているわけではありません。

13-6 では，Johnson が 2008 年に，「質的なデータ分析研究が重要」と確認したことが中心の話題です。過去時制を使い，自分のスタンスと距離があることを暗示しています。書き手は，必ずしもこの研究を支持してはいないことになります。後の文には，たとえば質的な研究とは対照的な量的な分析の必要性など，別の観点を導入することが考えられます。

(3) 現在完了

引用文での現在完了の使用には，どのような役割があるのでしょう。現在完了は，過去のある時点で誰かが提示した事象を，現時点でも有効だと書き手が考える場合に使われます。このため現在完了は，複数の研究の引用と共に使われます。複数の研究が支持しているということで，引用した内容が客観的で，より普遍性があるという主張になります。

13-7 A lot of research has recognized the importance of qualitative data analysis for motivation (e.g. Johnson, 2008; Young, 2010).

13-8 Numerous studies such as Johnson (2008) have recognized the importance of qualitative data analysis for motivation.

13-7 は，質的研究の重要性が，一般に確立された事実の裏付けとして，複数の研究を文末に記載しています。**13-8** の場合は，これまでの多くの研究の中でも，特に Johnson (2008) が書き手の主張を裏付ける研究と見

なしているという意図になります。

　以上のように，イントロダクションのムーヴ①では，特定の時制と共に研究を引用し，読者に自分のスタンスを示します。

ポイント
> 時制と特定の研究の引用で重要性を訴求する。
> - 研究課題の定義：中心課題を示す現在時制と重要な先行研究の引用
> - 研究の重要性：客観性を示す現在完了と重要な先行研究の引用

2-3　ムーヴ①でよく使われる表現：ブースターの活用

　ここでは，学術論文202本を集めたコーパス分析の結果を基に，ムーヴ①の目的を達成するために便利な表現を紹介します。以下の3つがポイントとなります。1)と，2)または3)を合わせて活用します。

1) ブースター(booster)による強調
2) 現在時制と統合引用によるスタンスの明示
3) 現在完了と非統合引用による客観性の明示

　8章で確認したように，ブースターはポジティブな意味を持つ語句や，強調する表現を使い，読者の注意を喚起するメタディスコースです。強調のポイントは，(1)範囲の広さ，(2)数の多さ，(3)期間の長さ，(4)新規性，(5)ポジティブさの5つです。それぞれ，よく使われる例を紹介するので，状況に応じて使い分けてください。文末に非統合引用を使い，適切な先行研究を複数記載すると，より客観性が表せます。

(1) 範囲の広さ：広く認められている研究領域
　現在時制で使われると，書き手の強いスタンスを示します。

It is widely believed that ...	…と広く信じられている
It is generally assumed that ...	…と一般に確信されている
It is well known that ...	…とよく知られている

　これらの表現を3)の現在完了で使うと，客観性が高まります。

13章　イントロダクションの書き方・1　127

It has been generally acknowledged that ...　…と広く認識されている

(2) 数の多さ：研究の数が多い
　　　A number of studies have been conducted ...　研究が多数行われている
　　　Many researchers have argued that ...　多数の研究者が議論している

(3) 期間の長さ：長い間取り組まれている
　　　There is a long tradition of research within ...　…には長い伝統がある
　　　... research has long been recognized that ...　…は長期間認識されている
　　　... studies over several decades have shown that ～　数十年間に渡る示唆がある

(4) 新規性：最新の研究領域だと強調する
　　　Current theory suggests that ...　最新の理論が…を示唆している
　　　Recent research trends towards ...　最新の研究の傾向では…
　　　Researchers have recently considered ...　研究者たちが最近は…と考えている

(5) ポジティブさ：ポジティブな表現で強調する
　　　There is compelling evidence that ...　…について説得力のある証拠がある
　　　... is no longer open to doubt ...　…は疑いの余地がない
　　　A central concern in the study of ...　…研究の中心的関心事である
　　　... has been an essential part of ...　必須の分野である…
　　　... have been extremely successful ...　とても成功している…
　　　... has a profound impact on ...　重大なインパクトがある…

　それでは，次の **13-9** はどのブースターを使っているでしょうか。

13-9　More recently, parallel DNA sequencing has had a profound impact on research and medicine (Roger, 2012; Smith, 2014).

　13-9 の More recently は (4) の新規性を表すブースターで，DNA の 2 重らせん構造の順序の解明が，より最新の重要な事象であることを示唆しています。また，profound impact は (5) のポジティブさを表現するブースターで，研究や医学に重大な影響を与えていることを伝えています。

　このように，ムーヴ①の最初の文において，いくつかのブースターを組み合わせ，論文で扱う課題の研究分野における重要性を読者に訴えます。

また，この分野の代表的な研究を2つ記載し，現在完了形を使うことで，主張の客観性を示しています。書き手がしっかりと文献のレビューをしていることを，編集者や査読者に伝えているのです。

3 ❖ 重要性をアピールするムーヴ①のディスコースの構成例

　学術論文では，書き始めをどうするのかが重要な問題です。本章2-2節の時制を活用し，2-3節で示したブースターを含む文を，ムーヴ①の最初に使うのが代表的な書き出しです。ここで読者を惹きつける必要があります。次に続く文は，その説明を書き，さらに具体例を書くとスムーズにディスコースが構築されます。これは，9章で紹介した以下のような一般（ジェネラル）から特定（スペシフィック）への流れです。

　　トピックセンテンス ⇒ サポート文 ⇒ 例文

　それでは，具体例で見ていきます。次のディスコースの [ ] 内の語の時制を適切なものにしてください。またブースターを見つけてください。

1) Numerous studies [point] out the importance of using multiple data analysis (Chamot, 2003; Tomas, 1998). 2) In particular, Cohen (2000) [claim] each research method [have] unique problems. 3) For example, questionnaire studies [tend] to be subjective in nature.

　トピックセンテンスの1) では動詞を現在完了の have pointed out にします。文末に，非統合引用を用い，2つの先行研究を示して主張の客観性を表現しています。また，ブースターの (2)（数の多さ）である Numerous を使い，研究の多さを強調しています。

　2文目の2) は，最初の文をサポートするために，代表的な研究を引用しています。メタディスコースの In particular を使い，サポート文としてのシグナルを送っています。書き手のスタンスと同じということを示すために，現在時制の claims と has を使います。

　3文目の3) は，For example がメタディスコースとなります。具体例として，「質問紙は主観的になる傾向がある」という特定の問題を指摘しています。このため現在時制の tend が一般的な答えとなります。

この例の 1)⇒3) のように，一般から特定の構造を 1 つのユニットとして書き始めるとスムーズにいきます。このユニットは，必ずしもこの例のようにする必要はありません。トピックセンテンスの後に，例文のないサポート文を連続させたり，1 つのトピックセンテンスの後に，サポート文⇒例文，をいくつか繰り返したりすることも可能です。

以上のように，ムーヴ①ではこれまで学んだストラテジーを活用し，明確に重要性や客観性を示します。また，主要な先行研究を記載し，p.122 の表 13-1 のように，研究分野の一員の資格があることを伝えます。

練習問題 1

次の文を，以下の A から D の条件に合わせて，それぞれブースターを使い，強調する文に書き直しなさい。

This study is known by other researchers in the field.

A．広く知られている
B．多くの研究者に知られている
C．長期間に渡り知られている
D．必須の研究として知られている

練習問題 2

次のムーヴ①におけるディスコースの構成を分析しなさい。また，有効なストラテジーを確認しなさい。

Recent research in second language acquisition (SLA) has argued that learners' use of specific strategies plays an important role in their target language learning (McDonough, 1995; Oxford, 1996). In particular, many scholars believe that metacognitive strategies, which focus on raising learners' awareness about their learning process, might enhance second language skills (Cohen, 1998; Chamot, 1990; Wenden, 1991). For instance, it is suggested that learners' communicative skills can be improved by developing strategies for communication (e.g. Cohen et al., 1998; Dörnyei, 1995).

14章 イントロダクションの書き方・2

この章で学ぶこと
- イントロダクションのムーヴ②の書き方を学ぶ
- 研究の新規性をアピールする

　この章はイントロダクションのムーヴ①に続くムーヴ②において，研究課題をいかに効果的に提示すべきか考えていきます。書き手は，どのように自分の研究の独自性を表現すればよいのでしょうか。これまでにない，全く斬新な研究テーマなどは，それほど多くありません。基本的には，既存の研究者が行ってきたことを，一歩前に進めることを考えます。この章では，研究の独自性や目的を明確にして，読者を惹きつける方法を確認します。7章の時制や，8章のブースターをうまく使い，研究の価値を訴えます。

1 ❖ ムーヴ②の書き方：研究のニッチを確立する

1-1　先行研究を利用する

　1つの学術論文で，全ての研究課題を網羅することは不可能です。また，どのような実験も完璧に実施することは困難です。このため多くの論文では，最後に Limitations（研究の成果の限界）に関するパラグラフを設けて，その論文で取り扱えなかった今後の課題を記載します。実は，これらの課題が後進の研究者には，とてもありがたいのです。それを参考にすれば，まだ行われていない独自の研究テーマが見つかります。これをムーヴ②で利用できます。次の例を見てください。これは，ある国際的ジャーナルに掲載された論文の Limitations の一部です。

14-1　... Finally, it is essential to see whether the current study method using OCSI (Oral Communication Strategy Inventory) can be carried out across different foreign language learning contexts and different target languages before generalizations can be made.

（最後に，OCSI を使う研究手法が異なる外国語学習環境や，他の目標言語でも有効か確認しないと，研究結果を一般化することはできない。）

　これは，OCSI という質問紙を開発し，日本における英語学習者を取り扱った研究でした。この研究の Limitation を活用し，国際ジャーナルに掲載された，別の研究者のムーヴ②を見てみましょう。

14-2 Although, the OCSI can be regarded as a complete and comprehensive research tool, in his study, participants were from a single cultural background and their target language was English. （OCSI は，完成され汎用性のある研究ツールと見なせるが，彼の研究の参加者は，単一の文化的背景を持ち目標の言語は英語である。）

　14-2 の研究は，様々な外国から中国において，中国語を学びに来た学習者に対して OCSI を使い調査したものでした。つまり，先行研究の例 14-1 で提示された研究成果の限界をレビューし，そこで示された今後の研究の課題をうまく活用しています。以上のように，これまでの研究をいかに前進させるかは，先行研究の Limitations にヒントがあるのです。
　ムーヴ②では，このように先行研究を引用して，その不十分な課題や問題点を提示し，これまで誰も取り組んでいない研究テーマであることを明確にします。こうすれば，書き手の研究の独自性を示すことになります。これを「研究のニッチ（niche）を確立する」と言います。

ポイント
先行研究を活用してニッチを確立する。
- 先行研究の Limitations を参考にして自分の研究ニッチを構築する。
- 先行研究を活用してムーヴ②でニッチを示す。

2 ❖ 研究のニッチの書き方

　ニッチの確立が論文の価値を読者にアピールする最も大切な要素です。基本的な方法としては，2-1 節に記載する，先行研究に問題点があることを示す表現を使います。また 2-2 節のように，書き手のスタンスを表す時

制を組み合わせてニッチを提示することもあります。2-3 節は，ヘッジを使い，レビューの限界を示唆したり，他の研究者へ配慮したりする方法です。

2-1 ネガティブな表現で問題点を明示

これは，ムーヴ②で反意的・否定的な表現を使い，引用した先行研究に限界があることを読者に伝えます。そこがニッチであり，書き手の論文で中心となることを示唆します。これには主に 3 つの用法があります。

(1) 否定的数量詞や否定形

先行研究で課題が取り扱われていないことを強調する時に使います。

no, none, not, little, few, only

- 表現例　There is little research ...　(…の研究はほとんどない)

(2) ネガティブな動詞，名詞，形容詞

先行研究で取り扱われている課題に問題がある場合に使います。

　動詞　　fail, lack, suffer from
　名詞　　failure, limitation, uncertainty
　形容詞　limited, questionable

- 表現例　The previous studies suffer from several limitations ...
（先行研究はいくつかの限界を抱えている）

(3) メタディスコースの反意的接合表現 (⇒ 5 章 2-1 節)

これを文頭に置くと，そこからが書き手のニッチであることを読者に明示できます。コーパスでは，単文でニッチを表現する However が最も多く使われています。次に複文の形をとる Although が多く抽出されました。まずは，この 2 つのどちらかを使うとよいでしょう。他には，Nevertheless や Despite，Yet も多少使われていました。

　単文の場合　However, Nevertheless, Yet, Despite
　複文の場合　Although
- 表現例
However, few studies examined ...

(しかしながら，…を検証した研究はほとんどない)
Although scholars have admitted ..., less is known about ...
(…を学者は認めてはいるが，…はほとんど知られていない)

多くの場合，これらネガティブな表現 (1), (2), (3) の3つのタイプのいずれかを組み合わせて，次の例 **14-3** のようにニッチを確立します。

14-3 However, this calculation has large uncertainties because of the complex tectonics in the North Atlantic Ocean.
(だが，北大西洋の地質学的な複雑さからこの計算には不明確さがある。)

2-2 書き手のスタンスを表す時制の活用 (⇒ 7 章)

ムーヴ②では，時制を使い分け，引用した研究に対して書き手の主張との距離を暗示します。過去時制は，自分の見解と一致するものではないことの示唆です。現在完了では，先行研究が不十分であることを示します。現在時制は，特定の課題を際立たせます。また複文を使い，いくつかの時制を組み合わせてニッチを提示します。

(1) 過去時制：引用研究は書き手のスタンスと距離があることを暗示
14-4 However, their main concern was to focus on speakers' metacognitive strategy usage. They did not pay attention to the interactional aspects of communication.
(だが，彼らの主な関心事は，話者のメタ認知ストラテジーに注目することだった。彼らはコミュニケーションの対話には注目しなかった。)

(2) 現在完了：これまでの研究で見過ごされていることを指摘
14-5 Only a few attempts have been made to explain such cases.
(そのようなケースを説明する試みはほんのわずかしか行われていない。)

(3) 現在時制：特定の課題を明示
14-6 There is no study which uses this method to collect authentic data.
(実際のデータの収集に，この手法を使った研究はない。)

(4) 複文での時制の組み合わせ：前節で現在完了を使い重要な課題であることを示し，後節の現在時制でその課題のニッチを示唆

14-7 Although authors have admitted the importance of learners' strategy use, little research explores its effect by using multiple data sets.
(筆者らは方略使用の重要性を認めているが，複数データで調査しているものはほとんどない。)

2-3　ヘッジの使用（⇒8章）

　ニッチを確立する時に気をつけるのは，読者である査読者が，該当分野に詳しい専門家であるということです。この際，8章で確認した緩衝表現のヘッジを使い，主張を防御することができます。前もって先行研究のレビューが完璧でない可能性を示唆しておきます。また，時には査読者が，引用した研究者自身や，そのグループに属する場合もあります。このため，問題を指摘し過ぎると反感を持たれることもあり，主張を弱めておく方が無難と言えます。以下がヘッジの一般的な用法の表現例です。

　There seems to be little research ...　ほとんど研究がないように思われる
　Their study may suffer from the limitation of lack of generalizability ...　一般化困難な制限を抱えているかもしれない

ポイント　｜　ネガティブな表現と，スタンスを表す時制で書き手独自の研究分野のニッチを示す。

3 ❖ 先行研究のどの観点からニッチを書くのか

　ニッチでは，主に以下の5つの観点で先行研究の問題点を指摘する方法があります。(1) サンプル，(2) 実験などの条件，(3) 実験タスクとデータの収集方法，(4) 分析の方法，(5) 理論やモデルに基づく解釈です。
　大学の研究論文などでは，1つのニッチでもよいと思われます。修士論文，博士論文となれば複数のニッチが必要です。国際的なジャーナルの場合，単にニッチを組み合わせるだけではなく，それらが既存の理論の解釈に影響を与えるような，インパクトのあるものが求められます。

3-1 ニッチの作り方

以下はニッチの5つの書き方です。各自の研究課題に合わせて活用してください。ニッチの後に研究課題の示唆を矢印⇒で記載しています。

(1) サンプル

サンプルとは，被験者であったり，物質であったり，何かの負荷をかけられて変化を起こすものです。実は，これが最も容易にニッチが見つけられます。本章1節で見たように，日本での英語教育で成果を得た分析手法を，中国において中国語を学ぶ学習者に実施するといった方法です。

大学生の卒業論文などでは，このニッチが取り組みやすいかもしれません。たとえば，米国の企業で行われているマーケティング手法が，日本の企業で有効か調査するというような方法です。14-8 では，日本の化粧品業界で有効性について研究されていないことをニッチとしています。

14-8 However, there is little research which investigates whether this marketing approach can be effective for the Japanese cosmetics industry.
（しかし，このマーケティングの手法が，日本の化粧品業界で有効か調査した研究はほとんどない。）⇒日本の化粧品業界で調査する

(2) 実験などの条件

実験や調査の時期や費やす時間，または回数を変えて確認する方法です。14-9 では実験の期間が一回しかないことを課題としています。

14-9 However, since their static analysis only has one period, workers and vacancies have only one chance to match.
（彼らの静的な分析は，1つの期間しか取り扱っていないので，労働者と欠員は，一回しかあてはまらない。）⇒複数の期間の調査をする

(3) 実験タスクとデータの収集方法

事象の変化を測定するのに，どのようなデータを使うかを考慮します。外国語教育の成果を問う場合，テストの結果，実際の発話，意識の変化，アンケートの結果など様々なデータが考えられます。これらのデータ収集方法の選択は，実施する実験のタスクによって大きく左右されます。14-

10 は，コンピュータによるデータの収集がない点に注目しています。

14-10 Although a number of more flexible specifications have been proposed, few proved to be computationally tractable.
（より柔軟性のある特定化が多く提案されているが，コンピュータでそれを加工できるようなものはほとんどない。）⇒コンピュータで解析する

(4) 分析の方法

実験などの成果を，先行研究とは異なる分析手法で行います。たとえば，動機付けの変化を調べる場合に，質問紙で収集した結果の統計分析に，因子分析や，判別分析，重回帰分析など様々な分析方法があります。また，科学の実験などでは，試薬を変えるなども考えられます。**14-11** は，横断的に判断する分析方法がないことに注目しています。

14-11 However, there has been little attention to the potential for cross-level judgment analyses.
（しかしながら，レベル横断的な判断の分析にはあまり注意が払われてこなかった。）⇒レベル横断的な検証をする

(5) 理論やモデルに基づく解釈

今まで定説と考えられてきた理論やモデルではなく，別のモデルなどの利用を提案し，研究の成果などを解釈します。次の文は，特定の理論モデルが長期的な観察に向いていないことを指摘しています。

14-12 However, versions of these models suffer from intractability problems — tracking the distribution of wealth over time is difficult.
（しかしながら，これらのモデルは困難な問題を抱えている——長期に渡る富の分配を追跡するのが困難である。）⇒追跡できるモデルを使う

3-2 ニッチのフォーマット

このように，(1) から (5) の観点からニッチを書くことで，先行研究で実施されていない点を示します。そこを検証することで，自分の論文は他とは異なる，つまり独自性があることを読者に示唆するのです。

表 **14-1** に，3 つのスロットで構成されているニッチの定型フォーマッ

トをまとめました。ニッチが単文で始まる場合は表 14-1 のようになります。複文の場合は表 14-2 となります。N1（Niche 1）はニッチの書き出しで，メタディスコースのみの場合は，表 14-1 のように N1-1 とします。Althogh などを使い，ポジティブなことを記述する節がニッチの書き出しに来る場合に，表 14-2 のように N1-2 とします。N2（Niche 2）のスロットにはネガティブ表現が入り，これは単文でも複文でも同じ内容となります。N3（Niche 3）のスロットにはニッチの 5 つの観点（1）～（5）が入ります。これも単文と複文は同じです。

表 14-1　ニッチ単文の 3 つのスロットの定型フォーマット

N1-1　メタディスコース	N2　ネガティブ表現の選択肢	N3　ニッチの観点　書き手の独自性
However, Yet, Nevertheless,	● 先行研究で確認されていない there is little research, there are few studies, little is known ..., ... has not been observed, ... has not been examined, ... not include ● 先行研究に問題がある ... suffer from, ... fail to	(1) サンプル (2) 実験の条件 (3) タスクとデータ収集 (4) 分析方法 (5) 理論やモデル

N1：Niche 1，N2：Niche 2，N3：Niche 3

表 14-2　ニッチ複文の 3 つのスロットの定型フォーマット

N1-2　メタディスコース＋ポジティブな節	N2	N3
Although ● 認めている／知られている　... have admitted, ... have been recognized, ... is known to ● 議論されている　have discussed, argued ● 示唆する／提案する　indicate, propose ● 進歩がある　progress has been made ● 説明ができる　... can explain, account for ● 機能する／有効である　... can work, ... can be effective	単文と同じ	単文と同じ (1) サンプル (2) 実験の条件 (3) タスクとデータ収集 (4) 分析方法 (5) 理論やモデル

表14-3　ニッチのスロットのまとめ

スロット	1	2	3
単文	N1-1	N2	N3
複文	N1-2	N2	N3

表の **14-3** がニッチのスロットをまとめた表です。このように単文と複文は，最初のスロット N1 だけが異なり，2つめの N2 と 3つめの N3 は同じ内容となります。

4 ❖ ニッチを強くアピールするためのムーヴ②のディスコース例

　ニッチを確立する場合，これまで見てきたような1つの文で問題を指摘することが可能です。しかし，国際ジャーナルのように，より自分の独自性を出す必要がある場合，いくつかの文をまとめたディスコースで提示すると一層効果があります。この場合も，最小のユニットである，一般から特定への流れでディスコースを構成します。ここでも次のような組み立てにするとスムーズに書けます。

　　　トピックセンテンス ⇒ サポート文 ⇒ 例文

　例題　それでは復習を兼ねて，以下のムーヴ②のディスコースを確認してください。また，ニッチを確立するための表現を指摘してください。

1) There seems to be no fully established set of assessment procedures as yet. 2) Moreover, little attention has been paid to examining accurately how learners use strategies when interacting with their communication peers. 3) For example, although many researchers (e.g., Oxford & Nyikos, 1989; Hsiao & Oxford, 2002) have discussed the validity and reliability of using established strategy surveys, there is no study which deals with a reliable and valid strategy inventory for communication tasks.

　1) がトピックセンテンスです。no fully established という否定的な表現で，まだ十分に確立された評価方法がないとニッチを伝えています。ヘッジの seems to（思われる）を使い，主張を弱めています。

2）はメタディスコースの Moreover を使い，1）の内容をサポートする文であることを示しています。学習者が他の話者と対話をする際のストラテジーを正確に確かめる方法について，ほとんど注意が向けられていないという主張です。ニッチを示唆する little attention has been paid という否定的な表現が使われています。

3）は具体例で，For example というメタディスコースで始まっています。この文は，ニッチの複文で，N1-2 のスロットに although というメタディスコースと，many researchers have discussed（多くの学者が議論している）というポジティブな表現が使われています。N2 のスロットに there is no study という否定的な表現が使われています。N3 には，a reliable and valid strategy inventory（ストラテジー検証の信頼性と妥当性のある調査用紙）ということで，本章 3-1 節(4)で確認した，異なる分析の方法を使う，という観点のニッチを示しています。信頼性と妥当性のある調査用紙による検証を行うことが，書き手のニッチであることを示唆しているのです。

以上のように，一般から特定の情報の流れでニッチを構築すると，読者をより惹きつけることができます。

練習問題

次はイントロダクションの書き出しです。ムーヴ①とムーヴ②を確認しなさい。また，それぞれのムーヴの特徴的な表現を抜き出し，その用法について説明しなさい。

There has been tremendous progress during the past two decades in explaining the general principles of blood vessel development and the factors that control it （Green, 2009; Hobbs, 2011）. However, comparatively little is known about the cellular origins and developmental programs of many of our most important vessels and vascular beds, such as the coronary arteries that supply the heart muscle and its pacemaker.

注　vascular beds：血管床，coronary arteries：冠状動脈

15章 イントロダクションの書き方・3

この章で学ぶこと
- イントロダクションのムーヴ③の書き方
- 研究の目的を読者に明確にする
- イントロダクションの書き方のまとめ

イントロダクションのムーヴ③は，ムーヴ②で示したニッチの課題を，論文でどのように解決していくのか明らかにする箇所です．このムーヴには，p.122 の表 13-1 で示したように，主に次の3つの目的があります．

1. 研究の価値の訴求：ムーヴ②で指摘した課題の対処方法
2. 結果の示唆：主な研究結果を事前に提示
3. 論文の構成を提示：後に続く論文の構成の予告

1はどの論文にも必須ですが，2および3の必要性は書き手が決めます．

1 ❖ 研究の価値の訴求：書き出し文

研究の価値の訴求を，ムーヴ③の最初の文に書きます．提示したニッチに対して，書き手がその課題にいかに取り組むか明確にするところです．これまでの研究で取り扱われていないテーマのため，独自性があり，読者にとって価値があることを訴えるのです．書き手自身のスタンスなので，時制は現在形を使い，重要性を述べることになります．これから読んでもらう論文における，具体的な課題への対処方法を明示します．

書き出しの基本としては，「ここからが，自分の研究の独自性です」，と読者に明示します．このためのメタディスコースを最初の文頭に用います．研究分野のジャンルで使われる表現には，一定の傾向があります．

次の例(1)のメタディスコース Here we は，自然科学分野の代表的ジャーナルの *Nature* や *Science* のコーパスで多く使われていました．一方，この表現は，社会科学や人文科学では使用が極めて少ないです．

Here we の後に続く動詞は，いくつか選択できます．代表的なものを記

載していますので，各自活用してください．例 15-1 では，先行研究とは異なる観察方法を用いることを伝えています．

	選択できる動詞			
(1) Here we	present report perform use consider	...	ここでは，我々は…を	示す 報告する 実践する 使う 考慮する

15-1 <u>Here we use</u> a range of recent observations of stratospheric water vapor.
（ここでは，我々は成層圏の水蒸気の最近の様々な観察方法を使う．）

社会科学系は次の (2) の表現がよく使われ，動詞のところは，(1) と似たようなものが用いられます．

	選択できる名詞	選択できる動詞	
(2) In this article	we study	present(s) report(s) use(s)	この論文で我々は… 〃　　　研究は…

社会科学系では，15-2 のように In this article が最も多く使われていました．例では，既存の研究における賃金の拡散に関する説明が十分でないため，別の説明を試みることを伝えています．

15-2 <u>In this article we</u> consider an alternative explanation for wage dispersion.
（この論文で我々は，賃金の拡散に関する代替の説明を考慮する．）

以下は，無生物主語から始める例です．

	選択できる動詞	
This study The present study	examine(s) investigate(s)	検証する 調査する

| The purpose of this article is to | explore(s) | 探究する |
| This paper | endeavor(s) | 〃 |

例 15-3 では，これまでの研究で十分でなかったモデルを構築し，それを識別できるようにすることを述べています。

15-3 <u>The purpose of this article is to</u> explore the formulation and identification of such models.
（<u>この論文の目的は</u>，そのようなモデルの形成と識別である。）

2 ❖ 書き出しに続く文：具体的な対処法を示す

ムーヴ③の書き出しの文で研究成果の価値を訴求した後に，それをいかに達成するか書きます。サポート文を続け，具体的な対策を示します。ここも，一般⇒特定の流れになります。書き出し文をサポートし，対処の詳細な内容を表すのに便利なのが以下のような表現です。

To demonstrate this point	この点を実証するために
To do this	これを実行するために
To achieve this goal	この目的を達成するために
By testing	試験を行うことによって
By combining	組み合わせることによって

実際の例文で見てみます。**15-4** は，学習者のストラテジーを意識化するトレーニングの成果を調査するという論文です。これを具体的に達成するために，様々な評価方法を組み合わせると述べています。

15-4 <u>This study investigates</u> the effect of awareness-raising training on learners' strategy use for interaction. <u>To achieve this goal</u>, we combine several assessment methods such as analysis of learners' transcription data, retrospective verbal reports, and conversation test scores.
（この研究では，対話での学習者の方略使用の意識付け効果を<u>調査する</u>。<u>この目的達成のため</u>，学習者発話の文章化データや，振り返り法の口頭報

告や，テストスコアなどの複数の評価方法を統合して問題を解決する。）

このように，ムーヴ③をより詳しく書けば，論文の独自性が強調されます。次のように，メタディスコースをうまく活用し，ムーヴ③の目的を明確にします。

　　This study investigates ：独自の研究課題　　一般
　　　　　　↓　　　　　　　　　　　　　　　　　　↓
　　To achieve this goal　 ：具体的対処法　　　特定

3 ❖ ムーヴ②からムーヴ③への流れの例

それでは，前章で確認したムーヴ②から，この章のムーヴ③への流れを下の例で確認してみてください。

ムーヴ②からムーヴ③の例	ストラテジー分析
ムーヴ② <u>Although</u> this factor has been recognized since early days, the assessment of the regional impact <u>did not include</u> important effects. In particular, the effect of the Earth's rotational changes <u>has been ignored</u>.	ニッチ複文　　　　　　一般 N1-2+ N2 + N3： 　ニッチのタイプ(3) 　タスクとデータ収集課題 サポート文　　　　　　特定 　課題の詳細
ムーヴ③ <u>Here</u>, we have performed a detailed assessment of the potential contribution of the rotation changes. <u>To do this</u>, we used recent estimates of the ice surface elevation to evaluate the regional sea-level rise.	課題の対処　　　　　　一般 サポート文　　　　　　特定 　具体的な対処法

（早い時期から認識されていたが，地域的なインパクトの影響の評価には重要な影響が含まれていなかった。特に地球の自転変化が<u>無視されていた</u>。ここでは自転変化の潜在的影響を詳細に評価する。<u>この実施に向け</u>，地域の水位の上昇を測るために最近の氷層の上昇を測定する。）

> ポイント　イントロダクションのムーヴ③でニッチの対処法を明示する。

4 ❖ 結果の示唆の記述

　p.122 の表 13-1 で示したように，結果の示唆が全ての論文に書かれるわけではありません。これがあれば，イントロダクションの章で結果を事前に示唆することになり，読者に興味を持たせる効果もあります。ただし，収集した研究論文コーパスでは，イントロダクションでの結果の予告はどの分野も多くありません。次の結果関連のメタディスコースがよく使われます。

　　The results show ...　　結果は…を示している
　　The results indicate ...　　結果は…を示唆している
　　Results support the following conclusions ...　　以下の結論を支持する
　　Our conclusions ...　　我々の結論は…
　　We confirm that ...　　我々は…を確認します

　ここでは，ヘッジが使われることもあります。まだ十分な議論をしていない段階で，読者に断定的に研究成果を述べることを避けるためです。
　15-5 では indicate を使い，断言ではなく「示唆される」としており，結果自体もヘッジの could で「可能性」にとどめています。

15-5　The results of multiple data analysis indicate that the use of specific strategies for interaction could improve EFL learners' oral proficiency.
　　（複合的なデータ分析の結果，対話中に特定のストラテジーを使うことで，学習者の発話能力を向上することができる可能性が示される。）

5 ❖ 論文の構成の記述

　イントロダクションのムーヴ③における論文全体の構成提示は，社会科学系で多く見られました。必須の記載ではないので，投稿するジャーナルの傾向で判断してください。次のように構成の順番を明示します。

- This paper consists of the following three sections: *First ... Second ... Finally ...*　［3つのセクションで構成されている］
- This paper is divided into two sections. *The first phase* of the study aims ..., *The second phase ...*　［2つの部分に分けている］
- This article is organized into three main parts. *The first part ... In the second part, ... Finally, in the third part, ...*　［3つの主な部分で構成されている］

　論文構成の記述は，読者に続く内容の構成を意識化させ，読みやすさを向上させるストラテジーです。査読者にとって，この部分があると読みやすくなります。しかしディスコースが長くなると逆効果になるので，端的に書く必要があります。**15-6** は，最初に構成について明示することを述べています。続いて，論文の順番である Section 2，3，4 というメタディスコースを活用し，短く内容を記載しています。

15-6　This paper is organized as follows. Section 2 argues the effectiveness of the general means as income standards and examines the range of income standards. Section 3 shows our empirical evidence, and Section 4 presents our conclusions.
　　　　（以下のような論文構成である。2章は所得基準の一般化手法の便利さ，所得の範囲の確認。3章は実験結果を示し，4章で結論を述べる。）

6 ❖ イントロダクションのムーヴのまとめ

　次ページの表 **15-1** は，各ムーヴの主な目的と活用するストラテジーをまとめたものです。これらのストラテジーを解説した箇所を記載しています。この表のストラテジーの実際の使用法を例で確認しましょう。
　1) はトピックセンテンスとして，論文が取り扱うテーマの重要性を，ブースターの significant を使い明示しています。非統合引用で複数の代表的研究を引用し，現在完了形でこの主張に客観性を持たせています。
　ムーヴ②の最初の 2) は，ニッチであることを文頭のメタディスコース However で示しています。ネガティブ表現の only a few studies で先行研究の問題点を指摘しています。この文のサポートとして 3) は In particular

表15-1 イントロダクションのムーヴの目的とストラテジー

ムーヴ	目 的	ストラテジー	参照
ムーヴ①	●研究領域を定義し課題の重要性をアピール ↓	●引用と時制スタンス ●ブースター	⇒ 13章 2-2 ⇒ 13章 2-3
ムーヴ②	●研究されていないニッチを明示・確立 ↓	●ネガティブ表現 ●時制スタンス ●ヘッジ	⇒ 14章 2-1 ⇒ 14章 2-2 ⇒ 14章 2-3
ムーヴ③	●独自の課題を示し論文の価値を訴求 (必要に応じて) ●結果の示唆 ●論文の構成	●メタディスコース ●課題の対処を明示 ●メタディスコース ●メタディスコース	⇒ 15章 1 ⇒ 15章 2 ⇒ 15章 4 ⇒ 15章 5

イントロダクション	ムーヴ
1) The significant role of emotion in language learning and language use has been pointed out (Ellis, 2004; Tomas, 2006; Wales, 2007).	ムーヴ① 課題の重要性 ①-1 ブースター 　　　引用・時制スタンス ↓
2) However, only a few studies have investigated the first-person experiences of language learners. 3) In particular, little attention has been paid to the relationship between learners' emotions and their individual successes and failures in language learning. (e.g., James, 2005).	ムーヴ② ニッチの確立 ②-1 メタディスコース 　　　ネガティブ表現 ②-3 メタディスコース 　　　ネガティブ表現 ↓
4) This article attempts to develop a theory that interprets individual emotion in response to changing experiences in the classroom. 5) To do this, the paper reports the testimony of one language learner who observes his own learning process over 10-weeks. 6) The result indicates that controlling one's emotions can be effective during personal struggles with learning a new foreign language.	ムーヴ③ 独自性の訴求 ③-1 メタディスコース 　　　価値の訴求 ③-2 メタディスコース 　　　具体的対処法 ③-4 メタディスコース 　　　ヘッジ 　　　結果の示唆

試訳　学習と言語使用に感情の果たす重要な役割は確立されていた。だが学習者の直接経験の調査はほとんどない。特に，感情体験の個人の成功や失敗への関連はほとんど注目されていない。この論文は教室の変遷体験により確立した個人感情を解釈する理論構築を目指す。このため個人の学習体験を 10 週間自ら観察した証言を報告する。感情制御は新しい語学で苦闘する際に効果がある可能性が結果として示唆される	ムーヴ① ムーヴ② ムーヴ③

というメタディスコースで始め，little attention で具体的な問題点を示しています。文末にはそれに関連する先行研究例を記載しています。

　ムーヴ③の開始の 4) は，メタディスコース This article でシグナルを送り，この文のサポートとして 5) は To do this で始めた，具体的な対処法です。6) は結果を示唆することを，The result indicates というメタディスコースで示し，研究成果のヘッジとして can を使っています。

　このイントロダクションは，典型的なムーヴの流れに沿って書かれています。国際ジャーナルで書き慣れた研究者は，独自のスタイルがあります。この例の試訳を参考にして，論文執筆に活用してください。

　最後に，次ページの図 15-1 はイントロダクションのテンプレートです。必要なところに，自分の研究に関する表現を入れれば，イントロダクションが完成します。学術論文の書き方に慣れるまでは，そのまま活用して練習ができます。

　ムーヴ①は 3 文で構成されます。トピックセンテンス 1) の書き出しは，13 章 2-3 節のブースターの (1)〜(5) から選択します。続いて，研究領域課題を書き，文末は非統合用法で，最低 3 つ重要な研究を記載します。次の文 2) の書き出しは，In particular などのメタディスコースで始めると，研究課題をより具体的に示すサポート文になります。文末には，自分の研究に近く，重要だと思う研究を引用します。3) は，For example などで始め，論文で提示する内容に直接関連する課題を具体的に書きます。引用文献は自分が特に比較対象とする，最も重要な研究を選びます。

　ムーヴ②の書き出し 1) は，単文でよく使われる However で始めていま

す。複文のAlthoughの形で書く場合は，p.138の表**14-2**を参考にしてください。Howeverの後は，14章2-1節で紹介したネガティブな表現を選んでください。その後のスロットに，ニッチの観点（1）〜（5）を選んで入れてください。この文の書き方はp.138の表**14-1**を参考にしてください。

ムーヴ②の2）は，メタディスコースのMoreoverで始め，選んだニッ

図15-1　イントロダクションのテンプレート

（※は各自が選択する）

```
ムーヴ①
  トピックセンテンス
  1) It is widely assumed _____［複数の研究を引用］.
     ※ブースターA〜Eを選ぶ　　研究領域と課題を書く

  2) In particular, _____［重要な研究を引用］.
                    課題の中で重要な点を書く

  3) For example, _____［特に重要な研究］.
                    特に注目する研究課題

ムーヴ②
  1) However, there is little research _____.
              ※ネガティブな表現　※ニッチの観点（1）〜（5）を選ぶ
  2) Moreover _____.
              ※ニッチの観点（1）〜（5）のより具体的な問題点
  ニッチの数に応じて1）→2）　を繰り返す

ムーヴ③
  1) This study _____.
  ※メタディスコース　ニッチで提示した課題の解決方法

  2) To do this _____.
  ※メタディスコース　具体的な対処法
     必要に応じて
       ● 結果の示唆
       ● 構成
```

チについて，より具体的な問題点を書きます。なお，複数のニッチを書く場合は，この1)→2)の構成を繰り返すことになります。この際，ネガティブな語句は異なる表現を選択して用いた方がよいでしょう。

　ムーヴ③の書き出し文1)は，15章1節の書き出し文のメタディスコースから選びます。その後にニッチで提示した課題に対する解決方法を書きます。次の2)の文のメタディスコースは，15章2節から選びます。これに続けて，より具体的な対処法を書き，論文の独自性をアピールします。

　ムーヴ③の後半の，結果の示唆の記述は15章4節を，論文の構成の記述は15章5節を参照して書いてください。

　以上，13〜15章ではイントロダクションの書き方について詳細な説明をしました。この部分の完成度が論文の採択に大きな影響を与えます。最初は前ページ図15-1のテンプレートを使って，読みやすいディスコースが書けるようになってください。

練習問題1

　（　）に適語を入れて，論文の構成を示すディスコースを完成しなさい。
　The article is (　　　　) as follows. Section 2 briefly describes the financial system. (　　　　) 3 presents the econometric methodology. (　　　　) 4 discusses estimation results. Section 5 focuses on forecasting. Section 6 presents our (　　　　).

練習問題2

　次のムーヴ③のディスコースの構成を説明しなさい。また，情報の配置を読者に明確にするメタディスコースを抜き出しなさい。

This article further develops the approach and reports the first empirical implementation. To do this, we analyze the interaction between both communication channels. More specifically, we consider the following setup: investors must make an investment decision and possess some private information concerning the future state of the economy.

16章 研究メソッドの確立

この章で学ぶこと
- 研究手法を確立する
- 研究の信頼性と妥当性を構築する

イントロダクションで読者に研究の設計図を明らかにした後，報告する研究に信頼性と妥当性があることを明確にする必要があります。これは，次章で詳しく述べるメソッドの章において，論文の中で示した実験や調査などを，他の研究者が再現できるように客観的に書くことです。この章では，メソッドの書き方に入る前に，いかにすれば研究の信頼性と妥当性を確立した実証分析を計画できるのか学びます。

1 ❖ 研究論文のメソッドの特徴

12章で示したように，社会科学や人文科学と，自然科学の分野では研究論文の構成に違いがあります。社会科学や人文科学では，メソッドの章が長くなる傾向があります。これは人の行動を対象とする研究が多く，どのような状態で実験や調査を行ったか，詳しく報告する必要があるからです。

一方，自然科学は，短く端的になります。実験の条件がある程度絞られ，特定の実験環境を制御して行うからです。また，実験手法自体は共通のものも多く，該当分野の研究者間で一定の理解の前提もあります。

研究論文でよいメソッドの章を書くには，実施する研究自体が確立されたものでなければなりません。ここで重要になるのは，研究の信頼性と妥当性の構築です。この2つの概念を明確に提示する必要があります。

アカデミック・コーパスにおけるメソッドの章の分析では以下の特徴が見られました。

- 時制では過去形が多く使われる。
- 受動態が多く使われる。
- 法助動詞の使用は多くない。

これらは，実験や調査実施の手法に関する報告の章としての役割をよく反映しています。研究手法は，既に確立されたものを利用することも多く，研究実施の一時点の事象として報告するため，過去時制の使用頻度が高いのです。

　また，実験の実施者が，研究者である書き手ということは自明のため，一連の行為の主体である主語は省略される形式で書く傾向にあります。さらに，受動態を使うことで，実行された事象の客観的な報告ということを示唆します。

　法助動詞の使用が少ないのは，研究手法はすでに行った事実の報告が中心なので，断定的に示すことが多くなるからです。

　12章で確認したように，論文におけるメソッドの役割は，査読者評価項目の「3.実験の方法，理論の展開は十分か」を査読者に伝えることです。このため特に，研究の結果に影響を与える要因である変数（variable）をいかに統御し信頼性と妥当性を構築したか報告する必要があります。

2 ❖ 信頼性と妥当性

　実験や調査を行う際に注意すべき2つの観点があります。それは研究で実施するテストの「信頼性（reliability）」と「妥当性（validity）」です。学術論文の査読者は，この2つの概念で，研究内容を評価します。メソッドでは，その要求に十分応えるように英文を構築する必要があります。

　ここでは論文の執筆における留意点を簡単にまとめます。信頼性というのは，実験したテスト結果の評価方法に一貫性があり，同じ状況で行えば，同じ結果が得られるかという観点です。たとえるなら，同じ基準で構成されたもので測定すると言うことです。物の長さを測る際，センチやメートルなど確立された基準で作られている定規を使えば結果が一定です。

　一方，妥当性は，測ろうとしている対象を的確に測っているかどうかという観点です。たとえば，氷の特徴を調べようとしているのに，水を使って実験をすると，性質は似たものを使用していますが，必ずしも氷の特徴を正確に調べているとは言えません。妥当性は低くなります。

　研究論文では，このように正確な方法で実験テストを行い，測りたいものを適切に検証していることを，査読者に向けて書く必要があります。

3 ❖ 実証研究における独立変数と従属変数

　信頼性と妥当性を考える上で大切なのが，実験などに影響を与える変数です。実証研究では，予想される結果の仮説を立て，実験を行い検証します。この実験テストに影響を与えるものを変数と言います。研究で求めたい成果を，従属変数（dependent variable）と呼び，その成果に何らかの影響を与える要因を独立変数（independent variable）と呼びます。独立変数の強さや，組み合わせに伴って結果が変化するために従属変数と呼ばれます。

　たとえば，記憶力が増す新薬を開発し，その成果を実験すると仮定しましょう。この際，実験結果である従属変数に影響を与えそうな要因は全て独立変数となります。被験者の属性である年齢，性別，過去の使用経験などです。さらに実験時の季節による気温などの影響，時間帯，騒音，部屋の明るさも対象となります。また，集団調査の場合は他の被験者から受ける影響なども独立変数として考えられます。

　これらを全て統御（control）することはかなり困難です。このため，実験対象のグループ（experiment group）と，求めたい変数だけが異なる統御されたグループ（control group）を設定し，比較検証を行います。

　上の例の場合，被験者の構成が同じような性別，年齢，使用経験の2つのグループを作ります。同じ時期，場所で，同じ回数，試薬を試します。違うのは唯一，実験グループは記憶力を増進させると思われる新薬を飲み，統御グループは，何も効果のない水などを飲んでもらう点にします。このように独立変数が1つだけ異なれば，その変数が従属変数である結果に直接影響を与えたかどうかを確認できます。こうした手法で変数をコントロールすれば，結果的として新薬の効果を客観的に測定できることになります。

　さらに信頼性や妥当性の構築には，結果を測るテスト自体も重要になります。このため正確に成果を測定できると認知されている，既存の実験テスト方法の使用が一般的です。自分で開発したテスト方法などを利用する場合は，それを使用した結果から得られる信頼性を計測するべきです。

> ポイント
> - 実験や調査結果に影響を与える変数をコントロールする。
> - 実験グループと同じ条件で，調査したい変数だけが異なる統御グループを作り，結果を比較する手法が有効である。

4 ❖ 研究の信頼性

　人の活動や反応は，環境によって変化が大きく，安定した結果を得にくいという特徴があります。このため計画が十分でないと，結果に信頼性がなく，評価は主観的なものになりやすくなります。信頼性を高めるには，大きく分けて2つの観点があります。実験などに使用する「タスクの信頼性（task reliability）」と，それを実施した結果の「評価法の信頼性（evaluation reliability）」です。

　タスクの信頼性を高めるには，調査する被験者の行動や反応を，正確に測定できるテスト器具や道具を使う必要があります。たとえば，アンケート調査をする際に，質問項目の内容や構成に信頼性がないと正しく測定できたとは言えません。このため，個人的な経験や考えで質問紙を作成するのではなく，因子分析などの統計的手法を使って信頼性を高めるべきです。

　評価法の信頼性とは，タスクを実施した後に得られた実験テストのデータを，どのように正確に評価し，結果として処理するかです。結果の評価を数的に分析する場合は，行動や，反応を数字で得点化する方法にも，信頼性を構築する必要があります。たとえば，英語の発話能力を測定する時に，被験者が話した内容を成果として点数をつけます。この際，点数をつける評価基準が確立されたものでなくてはなりません。

　評価法の信頼性は，「採点者内の信頼性（intra-rater reliability）」と，「採点者間の信頼性（inter-rater reliability）」があります。前者は，同じ採点者が被験者全員に対して，首尾一貫した評価を与えているかどうかです。後者は，複数の採点者がいる場合，異なる採点者間で同じような採点結果が得られるかということです。評価法の信頼性は，評価者に対するトレーニングや，採点に関する綿密な打ち合わせをすることによって改善できます。

　信頼できる得点結果が得られた場合，後はコンピュータで統計処理し信頼性を高めます。この際，適切な統計分析の手法を使うことも大切です。

5 ❖ 研究の妥当性

妥当性は前述のように，実験などで測ろうとしている内容を，どれだけ正確に反映し測定しているかということです。妥当性は多面的な要因で構成され，全てを網羅するのは容易ではありませんが，以下に代表的な4項目を示します。それぞれに，具体的な事例を交えて説明をしていきます。

5-1　見た目の妥当性 (face validity)

実験テストは，求める成果を最もよく反映したものを使います。また，統計処理する際に，使用する分析法が適切でなければなりません。たとえば，3つのグループの平均の差を比較する際は，2つのグループを比較する t 検定でなく，多群を比較する分散分析である ANOVA を使わなければなりません。

[事例1]　ビジネスコミュニケーション能力の測定

国際ビジネスのコミュニケーション能力を測るならば，実際にビジネス場面での対話を行うのが，最も妥当性があります。TOEIC のリーディング・リスニングテストは，高度な統計的手法を用い信頼性を高めています。しかし，実際の対話を評価してはいないので，見た目の妥当性は低いということになります。このためスピーキングテストの方も受験する必要があります。

5-2　内容的妥当性 (content validity)

テストが測定しようとしている概念の内容をもれなく反映させます。このため，テストを作成する際は，事前にかなり準備をして内容を吟味します。この際，先行文献をレビューしたり，専門家や有識者にインタビューをして，実験に影響を与えそうな項目を全て確認します。

[事例2]　アンケートの質問項目の作成

質問紙によるアンケート調査を行う場合，全ての質問項目が研究目的に適合しなくてはなりません。不適切なものや，不必要な質問項目がある，または重要な項目が抜けていると，全体のテスト結果に影響を与えます。

このため，類似した調査内容で使われた先行研究の質問紙を，できるだけ多く確認します。また，そこから得られた結果や，専門家の意見を事前に反映させ，内容的妥当性を高める必要があります。

5-3　構成概念妥当性（construct validity）

被験者の行動の評価基準が，測定したい要因のみによって決められるか考慮する必要があります。さらに，この要因を構成する概念に関して理論的な裏付けがある必要もあります。一般に，事象の変化の具合を検証する際に，従属変数に影響を与える構成概念の独立変数を，全て網羅することは容易ではありません。このため，最低限の措置として，先行研究で明らかになっている要因は，全て調査対象とするべきです。

[事例3]　テレビCMとビールの売上

ビールの新しいテレビCMを放映した際における，消費者の購買に与える影響を測る場合を考えてみます。宣伝を依頼したビールメーカーは多額の費用をかけた結果，どのような成果があるのか大いに関心があります。しかしこの際，新しいCMを，以前製作し放映したCMと，放映の季節や時間帯，長さなど同じ条件で比較する必要があります。さらに景気の影響や，同時期に行ったキャンペーンとの関連性も考慮すべきです。また，テレビCMによって，消費者の行動に変化が出るという実験結果などによる理論的な裏付けが必要となります。

5-4　基準関連妥当性（criterion-related validity）

被験者に対して実施したテストの結果について，他の確立された実験テストでも同じような結果が得られなければなりません。また，その結果が被験者の特性として，今後の他の状況においても，同じような行動を予測できるものであるべきです。

[事例4]　新しい知能を計るテストの開発

このようなテストを開発した場合，この試験結果で高得点を取る被験者は，既存のIQテストでも高得点を取る傾向があるはずです。また，他の

同様なテストでも高得点を取ることが予想されなければ，基準関連妥当性が低いということになります。

6 ❖ メソッドを書く際の留意点

ここで述べた，信頼性と妥当性には十分に留意して論文を書く必要があります。全てを完璧にすることは難しいかもしれません。しかし査読者は，投稿された論文の結果に影響が大きいと思われる独立変数の項目について記載がないと，必ずその点について回答を求めます。このため，メソッドの章を書く際には，そうした漏れがないか注意すべきです。

国際ジャーナルに投稿するならば，常に関連領域のジャーナルに目を通し，自分の研究課題に近いものは，必ずレビューをしておきます。その際，この章で解説したように，実験や調査の手法を，信頼性と妥当性の観点から十分であるか批判的に読みこなします。これを続ければ，やがて自分の研究の独自性であるニッチが確立されていきます。

ポイント
- 信頼性：同じ条件で行えば，同じ結果が得られる。他の研究者が同じ研究メソッドを使えば同じ結果が得られる。
- 妥当性：求めたい研究成果を，最も適切に反映できる研究手法を用いる。

練習問題

次の研究手法を，信頼性を高める例か，妥当性を高める例かに分けなさい。
(1) 30人の予備調査の後，5000人の被験者に次の段階としてテストを行った。
(2) 社員の動機付けを調べるため，1人1人にじっくりと時間をかけインタビューを実施した。
(3) インタビューの内容を正確に文章化するために，2人の担当者が別々に文章に直し，結果を比較した。
(4) 新しく開発した日本の学習者の動機付けを測る質問紙テストの結果と，既にその効果が広く認識されている確立された動機付けの標準テストの結果を比較し整合性を確認した。

17章 メソッドの書き方・1：社会科学・人文科学分野

この章で学ぶこと
- 明確な研究手法を示す
- 研究の信頼性と妥当性を報告して再現性を示す

　前章で確認した，研究計画の信頼性と妥当性の観点から社会科学や人文科学に多い，人を研究対象にした論文のメソッドの書き方を確認します。

1 ❖ メソッドの構成

　メソッドは，前節で述べたように研究の信頼性と妥当性を構築し，成果を客観的なものとして報告するための重要な章です。同じ研究をする人に必要な情報をもれなく伝えるように書きます。これは研究の再現性という観点からも重要です。ここは主に人文・社会科学分野が中心ですが，自然科学でも人を対象とする実験では，同じような書き方が必要になります。
　前に確認したように，実験調査の対象として人を扱う場合は，様々な要因が結果に影響を与えます。機械や装置，コンピュータと異なり，人の行動は変化が大きく制御が困難だからです。このため結果を左右する要因を明確にし，できるだけ研究の信頼性や妥当性を構築したことを報告します。
　以下の①〜③のムーヴは代表的なメソッド章で報告する構成項目です。

ムーヴ①　被験者（participants）または検証の対象物（samples）
ムーヴ②　実験や調査手順（procedures）
ムーヴ③　収集データの分析方法（measures）

　研究分野によっては全ての項目を記載するとは限りません。自然科学では，①はそれほど多くなく，②，③のムーヴが中心となります。以下にそれぞれの書き方を示します。

2 ❖ 被験者の記述

それでは，ムーヴ①の「被験者」から見ていきます。検証の対象が人の場合は，多くが実験参加者を participant(s) と呼び，時に samples(s) も使われます。

最も信頼性が高いのは，調査する集団の全員を対象にする方法ですが，サイズが大きい場合は困難です。このため，この集団の特徴をよく反映していると思われる特定の被験者グループを選び調査します。これをサンプリング（sampling）と呼びます。無作為に抽出する（random sampling）方法が理想です。たとえば，あるクラスの中から無作為にくじ引きで選び調査を行うなどです。16 章 1 節で見たように，実験対象グループと統御グループを設ける場合，2 つの属性をできるだけ同じ条件にすべきです。

人を対象とする実験や調査は，研究結果に影響を与える独立変数を特に詳しく書く必要があります。ムーヴ①では，順番は多少異なることもありますが，コーパスで抽出した主な流れは次の 5 つになります。

①-1　所属または地域：職場，大学，社会的地位や出身地，在住地
①-2　被験者の選び方
①-3　参加人数：男女比，出身構成比
①-4　年齢
①-5　その他の従属変数に影響を与える被験者の特性
　　　例・研究に関連する学習経験や事前の体験
　　　　・語学能力
　　　　・収入など消費行動に影響を与える変数

①-1　所属または地域

実験や調査では，どの場所で，いかなる状況で実施するのか明確にして，妥当性の構築を確立します。以下の例文を参考にしてください。

17-1　<u>The setting for this study</u> was a science and technology research center in Canada.
　　　（<u>この研究の場所は</u>，カナダにある科学・技術の研究所である。）

17 章　メソッドの書き方・1：社会科学・人文科学分野　159

17-2　The field site was a large IT company that used the performance reviews for personnel decisions.
（研究の現場は人事の決定にその実績評価を用いた大手 IT 企業である。）

17-3　Participants were 360 undergraduate students from a large private university in Tokyo.
（参加者は，東京にある大規模な私立大学の 360 人の学部生である。）

①-2　被験者の選び方

　母集団からどのように被験者を選んだのか明確に記載します。**17-4** は，被験者が希望して参加したことを示します。ある程度強制的に参加させられた場合とは，調査する行動に違いが出るので明確に書くべきです。

17-4　In this study, 600 students were recruited on a volunteer basis from 45 institutions.
（この研究は，45 の団体から希望した 600 人の学生を採用した。）

　母集団を代表するのにふさわしいと思われる対象者に質問紙を送り，回答を集める場合は，**17-5** や **17-6** の例文が利用できます。

17-5　Participants were contacted via mail and surveyed regarding the performance of their marketing.
（被験者にはメールで連絡を取り，マーケティング効果に関して調査した。）

17-6　These surveys were sent through regular mail. The participants used preaddressed, postage-paid envelopes to return their questionnaires.
（これらの調査用紙は通常の郵便で送られた。被験者は前もって送り先の書かれた，切手のある封筒を使い返送した。）

　アンケートなどの調査を依頼した人が，全員回答をしてくれるとは限りません。**17-7** のように，どの位の人が回答をしたのか記載すべきです。

17-7　The response rate for the survey was 40% (n = 200).
（この質問紙調査への回答率は 40％であった，人数は 200 人。）

調査に対するお礼をすることで，回収率を高めることもあります。この際は，**17-8** の例文のように，そのことを明確に書くべきです。

17-8 Respondents who returned a completed survey received a book token.
（完成した調査紙を返却した人は，図書券を受け取った。）

①-3　参加人数：男女比，出身構成比

前節で述べたように，一番望ましいのは，被験者を選ぶ際は母集団の特徴をよく示すように，性別や出身の構成比を適切にすることです。しかし現実には容易でないため，構成する人数の割合を正確に報告します。その上で，構成の比率にばらつきある状況の説明をすべきです。**17-9** は，性別の構成を示しています。**17-10** では，調査した人種の構成を報告しています。

17-9　The sample consisted of 210 men and 233 women.
（サンプルは 210 人の男性と 233 人の女性で構成されている。）

17-10　Fifty-two percent of the participants were Caucasian, 25% were Black, 15% were Asian, and 8% were Hispanic.
（参加者は 52%白人，25%黒人，15%アジア系，8%ヒスパニック系。）

この例では，白人の住民が半数以上を占める都市における調査です。米国などでは，人種の構成比などによって，住宅環境や，所得，教育経験などが異なる社会層の住む地域であることを示唆することになります。

①-4　年齢を報告する例

17-11 は，被験者の平均年齢が特定の年齢層に該当することを示しています。

17-11　Average ages of participants fell within the range 41-50.
（研究参加者の平均年齢は，41〜50 歳の範囲にあてはまる。）

次の例は，被験者の年齢層と，性別の構成を同時に報告しています。

17-12 The participants for this study consisted of 80 sales representatives (55 males, 25 females) mostly between the ages of 40 and 50 years.
（研究の参加者は80人：男性55人，女性25人ほとんどが40から50歳。）

調査した対象が母集団の特徴を反映して，適切なサンプリングだということを書く場合は次の **17-13** の例文が使えます。

17-13 Examination of company records indicated that the participants in this study did not differ from nonparticipants regarding age gender, and ethnicity
（会社の記録を調査したところ，この研究の参加者は，参加しなかった人と同様の，年齢，性別，人種的な背景を示していた。）

なお，大学生などを調査対象とする場合，日本では18〜22歳位という予想ができますが，海外では必ずしもそうではないため年齢を明確にするべきです。

①-5　その他の従属変数に影響を与える被験者の特性

被験者が参加する条件や，調査結果に影響を与える経験は必ず記載します。**17-14** は，海外で就業経験がある被験者ということを示します。

17-14 Sixty percent of the employees had experience working overseas for more than 5 months.
（雇用者の60%は5か月以上海外で働いた経験があった。）

17-15 では，実験に参加する条件を記載しています。これには中産階級 (middle-class) が多く住む地域にある高校という記載があります。比較的収入の恵まれた人々が住むエリアの被験者ということを暗示しています。

17-15 Participants were required to speak Spanish, and to be familiar with using Excel software. They were 54 high school students, 25 male and 29 female, from a large middle-class, rural school district in the Midwest.

（被験者はスペイン語が話せ，エクセル使用に慣れているのが前提であった。中西部の中産階級が多く住む地元の高校生54人で，男子25人，女子29人。）

17-16 は，経済的目安として，特定の企業における常勤の地位を記載しています。一方，**17-17** は特定の経験がないことが条件となっています。

17-16 Eighty percent of the participants reported having full-time work experience.
（80%の参加者が常勤の仕事についていると報告した。）

17-17 The participants did not have experience teaching a French literature course at a graduate institution.
（被験者は大学院のコースでフランス文学を教えたことがない。）

3 ❖ 実験や調査手順の記述

　被験者の選定の説明の後は，ムーヴ②において，いかにデータを分析し，実験を行ったか記載します。この際 **17-18** のように，既に確立された研究分野で認知された方法を使うと，読者を説得しやすくなります。**17-19** は，アンケート調査でよく使われるリッカート法の5段階法の表現です。

17-18 We followed the procedure that Nelson et al.(2008) used to develop their Workplace Incentive Scale.
（我々はネルソンたちが職場のインセンティブ測定を開発した時の手順に従った。）

17-19 We used a 5-point Likert-type scale ranging from 1（strongly disagree）to 5（strongly agree）to report their level of agreement with items.
（我々は質問項目に対してどれだけあてはまるか，5段階のリッカート法，1「かなりあてはまらない」，から5「かなりあてはまる」，を使用した。）

　次の2つの例は，被験者がテストを受けた環境に関する表現です。

17-20　Participants were tested individually in an experimental cubicle.
（被験者は個別に実験を行う個室でテストをされた。）

17-21　Each participant took approximately 45 minutes to complete the experiment.
（それぞれの被験者は実験を終わらせるのにおよそ45分かかった。）

　17-22のように被験者にタスクをさせ，インタビューを行い，ビデオやレコーダーで記録し，そのデータを文章化して分析する場合もあります。

17-22　All participants were asked to complete conversation tasks. All the videotaped interactions were transcribed and analyzed.
（全ての参加者は，会話のタスクを完成するように頼まれた。全てのビデオテープで記録された対話は，文章化されて分析された。）

4 ❖ データの分析方法

　ムーヴ③では，収集したデータを，いかに分析をしたか報告する際に，利用したソフトウェア，統計的手法などを記載する必要があります。それらは各分野により異なりますが，その他の基本的な表現は同じです。

　17-23は，集計した質問紙のデータをSPSS（Statistical Package for Social Sciences）という統計ソフトで分析したことを述べています。

17-23　All of the questionnaires were computer coded and SPSS 14.0 was used for analyzing the data.
（質問紙の全回答はコンピュータに入力されSPSS 14.0で分析された。）

　次の2つの例は，特定の統計的手法によるデータ分析という表現です。17-24はMANOVAs（多変量分散分析）を使って検証したということですが，この部分を他の統計的手法に言い換えて利用することができます。17-25も下線部以外のところを書き換えて使える文です。

17-24　Multivariate analyses of variances (MANOVAs) were performed to determine if groups differed on more than one dependent variable.

（グループ間の差異が，1つの従属変数より多いものかどうか，MANOVAsを使い決定した。）

17-25 We used the generalized least squares random effects model in EViews 6 to conduct our analysis.
（我々は分析に，EViews 6の一般最小二乗法の変量効果モデルを使った。）

17-26 は，統計的な有意差を0.05%の割合で検証したと述べています。

17-26 The level of significance was set for $p < .05$.
（統計的有意差は，0.05%の棄却域を設定した。）

以上，社会科学，人文科学を中心にメソッドの書き方を示しました。次の章は，自然科学で多く使われる動詞を中心にメソッドに用いられる定型表現を見ていきます。

練習問題
日本語を参考にして（　）に入る適語を下から選びなさい。

(1) Among the adult (　　　), 70 were male and 110 were (　　　), and their average (　　　) was 33.7 years.
（大人の被験者は70人が男性で110人は女性で，平均年齢は33.7歳。）

(2) Thirty employees, (　　　) in age from 24 to 40, participated in the study.
（30人の24歳から40歳の雇用人がこの研究に参加した。）

(3) Participants were 110 MBA students, (　　　) a large state university, who worked at least 20 hours (　　　) week.
（参加者は大規模州立大学に属する110人のMBAコースの学生で，1週間に20時間は勉強をしていた。）

---

age, female, from, participants, per, ranging

17章　メソッドの書き方・1：社会科学・人文科学分野　165

18章 メソッドの書き方・2：自然科学分野とまとめ

この章で学ぶこと
- 自然科学分野のメソッドの特徴
- メソッドの章のまとめ

　自然科学分野では，実験の手順と分析方法を同時に記載することが多く見られます。メソッドは手短に報告するために，ムーヴ②と③を分けずに書かれることがあります。また，特定の分野に多くの論文が出版されるため，ある程度研究の手法は確立されています。このため，定型の表現がよく利用されます。これらは一度書き慣れると，スムーズに使えるようになります。

1 ❖ 自然科学分野のメソッドの特徴

　自然科学分野は，メソッドのムーヴ（p. 158）において，①の被験者や検証の対象物はそれほど詳しく報告しません。②の実験や調査手順と③の収集データの分析方法が中心になります。また，特定領域の研究者以外にとっては難しい専門用語が使用されます。このため，全てを掲載することはできませんが，この章では，どの分野でも共通によく使われるものを中心に紹介していきます。中でも，検査などのために特定の手法を使うという構文は，頻繁に活用されます。具体例は **18-1**，**18-2** のような形式の文です。

18-1　We used a range of recent observations of stratospheric water vapor to estimate global changes and expected impacts on climate trends.
（我々は気候の変化に影響を与える地球の変化を評価するために，成層圏の水蒸気の分布を使った。）

18-2　Paradesign 14 was used to assess integrated pathway activity, to identify portions of the network models in such active situations.
（統合された回線活動を評価し，そのような活発な状況におけるネットワークモデルの割合を識別するために Paradesign 14 が使われた。）

2 ❖ 自然科学分野でよく使われる語句

　ここでは自然科学分野でよく使われる定型表現をまとめます。特にメソッドでは表 **18-1** のように，使用される動詞に顕著な特徴があります。（　）内の数字は，自然科学のアカデミック・コーパスのメソッドの章で使われていた語の頻度です。メソッドを書く際に，表の活用例を参考にしてください。

表 18-1　メソッドでよく使われる動詞の基本形

（　）は使用頻度

ムーヴ②：実験や調査手順	
・デザインする	design (35)
・準備する	prepare (9)
・予測する	predict (8)
使用する	use (104)
・実施する	perform (32), administer (21), conduct (15), do (11)
・割当てる	assign (25)
・与える	give (53)
・加える	add (5)
・作る	make (44)
・選ぶ	select (35), choose (18)
・観察する	monitor (9), observe (9)
ムーヴ③：収集データの分析方法	
・計測する	measure (63)
・計算する	calculate (18)
・評価・判定する	assess (52), estimate (29), evaluate (12)
・テストする	test (26)
・検証する	determine (34), examine (29), investigate (6)
・識別する	identify (67)
・割り出す	isolate (4)
・分類する	code (5)
・分析する	analyze (23)
・示す	show (35), present (34)

前ページの表 **18-1** にある語彙を使った実例を見てみます。例 **18-3** では，特定の成果物を計測するための実験状況を表現しています。**18-4** は，特定の性質を検証するための手法を表現しています。

18-3 SPR experiments <u>were performed to measure</u> 187mM NaCl.
（187mM NaCl を<u>計測するために</u> SPR の実験<u>が行われた</u>。）

18-4 Analogous complexes <u>were used to determine whether they were</u> monomeric binding.
（それらが単量体結合<u>かどうか検証するために</u>，類似錯体<u>が使われた</u>。）

次の **18-5** は，実験から除外した要件を示す例文です。

18-5 <u>However,</u> water vapor changes in the troposphere <u>were not included in the analysis</u>.
（<u>しかしながら</u>，対流圏の水蒸気は<u>分析には含まれていない</u>。）

　自然科学では，研究分野の細分化がなされ，研究手法に関するデータの選択，実験機材や分析方法が多岐に渡ります。そのため本書では全てを網羅することはできませんが，構文的には表 18-1 の動詞を使ったものがほとんどです。先行研究を確認し，専門分野の用語を利用してください。

3 ❖ メソッドのムーヴのまとめ

　それでは，17 章と，この章のメソッド全体のまとめとして，代表的なメソッドの具体例を示します。

3-1　メソッドの具体例

　社会科学分野のメソッドを見てみます。右ページの例の下線部はこれまで紹介した有効な表現です。次の日本語試訳を参照にしながら①〜③のムーヴを確認しましょう。

①-1，①-2　被験者はロンドン市でボランティアで募集され参加した。
①-3　合計 400 人の営業員で 65% が男性，35% が女性だった。
①-4　被験者の年齢は 26〜35 歳であった。

①-5　被験者は同様の研究に参加したことはない。

②被験者は，Nunan（2010）の開発した30項目の労働の動機付けに関して報告した。彼らは，1「かなり同意できない」から5「かなり同意できる」といった，リッカートタイプの5件法の質問紙調査に回答した。彼らは15分以内で質問紙を完成させた。

③労働に関する動機付けの因子の数を決定するために，研究者は被験者全員に因子分析を行った。主因子法分析をバリマックス回転法で実施し，5つの因子を抽出した。因子負荷量が0.4以上の変数で各因子の解釈を行った。全ての因子はそれに含まれる変数に基づき命名した。

メソッド	ムーヴ
① Participants recruited on a volunteer basis were working at large companies in the city of London. A total of 400 sales representatives (65% men and 35% women) participated in the study. The participants' ages ranged from 26 to 35 years old. They did not have experience participating in similar research projects. ② They self-reported their working motivation using 30 items developed by Nunan (2010). The participants used a 5-point Likert-type scale ranging from 1 (strongly disagree) to 5 (strongly agree) to report their level of agreement. They completed the questionnaire within 15 minutes. ③ In order to determine the number of factors in working motivation, the researcher performed a factor analysis for all participants. Principal factor analysis, followed by varimax rotation, extracted five orthogonal factors. Only the variables with loadings greater than 0.4 were included to facilitate interpretation of each factor. All factors were labeled according to the variables included therein.	①-1　地域：ロンドン ①-2　選び方：志願者 ①-3　人数・男女比：400人（男65％，女35％） ①-4　年齢：26〜35歳 ①-5　他の特性：未経験 ②実験の手順： リッカートタイプの5件法の質問紙調査 15分以内で回答 ③データ分析方法： 因子分析のバリマックス回転法で分析

3-2　メソッドのテンプレートと解説

　図 18-1 にメソッドの章を書くのに役立つテンプレートを記載します。この章で説明したような各ムーヴにおける特定の表現を使い，下線部分は皆さんの研究計画に基づき記入してみてください。

図 18-1　メソッドのテンプレート

ムーヴ①（被験者を使った実験・調査の場合）
1) The setting for this study was ＿＿＿＿＿＿＿＿＿＿＿＿＿＿＿．
　　　　　　　　　　　　　　　　　調査の場所を記入
2) Participants were recruited ＿＿＿＿＿＿＿＿＿＿＿＿＿＿＿＿．
　　　　　　　　　　　　　　　どのように選ばれたか
3) They consisted of ＿＿＿ men and ＿＿＿ women at ＿＿＿＿＿．
　　　　　　　　　　　人数　　　　　　人数　　　　　　機関名など
4) Their average age was ＿＿＿ years, ranging from ＿＿＿ to ＿＿＿．
　　　　　　　　　　　　平均年齢　　　　　　　　　　　最年少　　最年長
5) ＿＿＿＿＿＿＿＿＿＿＿＿＿＿＿＿＿＿＿＿＿＿＿．
　　従属変数に影響を与える被験者の特性があれば記載する

ムーヴ②
1) 質問紙調査の場合
　　All participants were asked to answer on a ＿＿＿ -point Likert-type scale
　　　　　　　　　　　　　　　　　　　　　　　回答段階の数字
　　regarding ＿＿＿＿＿＿＿＿＿＿＿＿＿＿＿＿＿＿＿＿＿＿．
　　　　　　　　研究課題の従属変数などを書く
　　They completed the questionnaire within ＿＿＿ minutes.
　　　　　　　　　　　　　　　　　　　　　　時間を書く
2) インタビューや対話調査
　　They were asked to complete conversation / interview tasks.
　　All the videotaped interactions were transcribed and analyzed.

ムーヴ③
1) 質問紙や点数化した結果の数字で調査する場合
- All of the questionnaires were computer coded and ＿＿＿＿＿＿ was used for analyzing the data. 　　　統計分析ソフト等
- ＿＿＿＿＿＿＿＿＿ were performed to examine ＿＿＿＿＿＿＿＿.
  具体的統計手法など　　　　　　　　　　　　　研究目的
- The level of significance was set for $p <$ ＿＿＿＿＿＿＿＿.
  　　　　　　　　　　　　　　　　統計的有意差
2) 自然科学などの実験
- ＿＿＿＿＿＿＿ was used to assess ＿＿＿＿＿＿＿＿.
- ＿＿＿＿＿＿＿ were performed to measure ＿＿＿＿＿＿＿.

　ムーヴ①では，人を対象とする実証研究に合わせて，被験者の情報を書き込むようになっています。自分の研究の1) 調査の場所, 2) 被験者の選び方, 3) 男女比, 4) 年齢, および5) 特定の経験を記入してください。

　ムーヴ②の1)は，質問紙などで行う代表的なリッカート法の量的な報告用です。何レベルの回答を求めたのか, また, どのような変数を課題として取り扱うのか記入してください。さらに，質問に要した時間も記載するようになっています。2) はインタビューや対話といった質的な調査で使えます。

　ムーヴ③の1)は質問紙による調査結果の量的分析の手順に関するものです。それぞれの分野でよく使われる統計ソフトなどの手法を記入してください。2)は自然科学分野で多く，実験手法の表現方法です。何を使い，評価や計測を行ったのか記入するようになっています。このテンプレートは，あくまで基本の形ですので，詳細は各自の研究分野の代表的な論文を参考にするとよいでしょう。

　メソッドは以上のように，研究の計画の信頼性と妥当性を構築し，読者に研究の価値を訴えるのに重要な章となります。客観性と正確さを念頭に置いて書いてください。

[練習問題1]

日本語を参考にして（　）に適切な語を下から選びなさい。

(1) The (　　　) was (　　　　) or personally delivered to the secondary schools.
（質問紙は，郵送かまたは，個人的にその中学校に届けられた。）

(2) Each participants was (　　　) assigned (　　　) group A or B.
（参加者は，ランダムにグループAまたはBに割り振られた。）

(3) The responses (　　　) from 1: strongly disagree, to 5: strongly agree.
（回答は，1「かなり反対」から5「かなり賛成」の5段階の範囲であった。）

(4) Statistical (　　　) was (　　　) with the software JMP5.
（統計分析は，JMP5というソフトを使って行われた。）

(5) A genome-mining approach was used to (　　　) nonribosomal peptides conserved within Staphylococcus aureus.
（黄色ブドウ球菌に潜在する非結合ペプチド検証のためゲノム解析を実施。）

analysis, done, examine, mailed, questionnaire, randomly, ranged, to

[練習問題2]

次のメソッドの構成と重要表現を確認しなさい。

Our research is a comparative study that investigated gender difference among English language learners from Madrid. In total, 150 university students responded to our questions. The students' average age was 21.5 years, and 80 of them were female and 70 male. The questionnaire contained 60 questions aiming to measure the most important factors in foreign language learning self-confidence that were identified in previous research (Ito, 2007). Participants were told to answer on a 5-point scale to what extent they agreed or disagreed with statements. All of the questionnaires were computer coded and SPSS 14.0 was used for analyzing the data. Because the data were normally distributed, we applied parametric procedures. The level of significance was set for $p < .05$.

19章 結果(リザルト)の書き方

この章で学ぶこと
- 実験や検証の結果を正確に伝える
- グラフや表から結果を説明する
- 結果の評価や解釈を行う

　結果（result）は研究の成果を伝える重要な章です。メソッドの章で示した研究手法に基づき，いかなる結果が得られたか，正確にわかりやすく伝える必要があります。収集したデータの重要な部分や，統計処理の結果を，表やグラフを使い効果的に説明することも大切です。また，単なる結果だけでなく，その内容の研究成果としての意義を解説することもあります。結果の章の書き方には，一定の決まりがあり，特定の語句が使用されます。上手に活用することにより，説得力ある結果報告が可能になります。

1 ❖ 結果の章でよく使われる語句

　結果の章の特徴は，特定表現が繰り返し使用されることです。コーパスで研究論文全体と，この章を比較したKeyword分析で，次ページの表19-1の語句が特徴語として抽出されました。表でわかるように，動詞はほとんどが過去形で使われます。これは，過去の実験や調査を行った結果を報告するからです。何かを実施したことを述べ（conducted），結果そのものを報告する（resulted）などの表現が活用されます。また，その結果の内容について，示す（showed），明らかにする（revealed），示唆を報告する（indicated），説明する（explained）などの動詞の過去形が多用されます。仮説などを支持する（supported）という表現も使われます。

　その他の語句として，分析（analysis, analyses）や，統計の分析結果の有意さ（significant, significantly）を示す語句が多用されます。これを異なる（difference），同様な（similar）などの表現と共に使います。また研究結果を示す，結果（result），変化（changes），効果（effect）も活用されます。さらに，次のような統計用語も頻繁に使われます。

Mean：平均値，SD（Standard Deviation）：標準偏差，p（Probability）：有意さの確率

表 19-1　結果の章の特徴語と使用回数

動詞と使用回数	名詞・形容詞・副詞と使用回数
conducted（27）	analysis（116），analyses（62）
resulted（22）	significant（181），significantly（65）
showed（278），shows（51）	difference（79）
revealed（37）	similar（61）
indicated（35）	result（189）
explained（35）	changes（55）
supported（26）	effect（137）

$p<0.0001$ レベルで有意

ポイント　結果では特定の表現が多く使われる。動詞は過去形を多く使う。

2 ❖ 結果の章のムーヴ

　自然科学，社会科学，人文科学の研究論文のコーパス分析の結果，どの研究分野の結果の章もほぼ一定の形式で以下の4つで構成されていました。

ムーヴ①：検証の目的と方法の確認，およびその正当性
ムーヴ②：結果の提示と評価
ムーヴ③：先行研究の結果との比較
ムーヴ④：結果の理由と解釈

　この中で②の「結果の提示と評価」，④「結果の理由と解釈」は必須です。

2-1　ムーヴ①：検証の目的と方法の確認，およびその正当性

　ここは必須ではないのですが，長い論文の場合や，研究結果が多い際に記述すると有効です。また，メソッドで示した検証方法を再度確認し，その手法の正当性を読者に納得させるのにも役立ちます。さらに，複数の研究仮説がある場合，それらを再度述べると読みやすくなります。
　具体例として **19-1** は，この章の書き出しに使える表現です。コーパス

分析による結果を用いて，研究課題に答えようというものです。**19-2**では，研究仮説を検証した方法を再度確認しています。

19-1 Let us now bring in the corpus findings and address the research questions.
（コーパスの結果を用いて，研究課題の質問に言及しよう。）

19-2 The six hypotheses were tested using the following procedures.
（6つの仮説は，以下の手順を用いて検証された。）

　以下は，特定の統計手法の分析が，研究課題の解決に適することを述べています。**19-3**は，2集団における平均の差を検証するt検定で，**19-4**は，3つ以上の集団の平均の差を調べるANOVAの記述です。**19-5**は，各独立変数が，従属変数の結果に与える影響の大きさを検証する回帰分析に関する表現です。これらは研究論文で頻繁に使われる統計手法です。

19-3 In comparing the males' and females' responses overall, a two-sample, independent group t-test was calculated.
（男女間の全体的反応の比較を独立した2集団t検定で計算した。）

19-4 In order to answer the research question, it was necessary to use an analysis of variance (ANOVA) procedure for each item on the questionnaire.
（研究課題に答えるため，質問紙の各項目のANOVA検証が必要だった。）

19-5 In order to further our understanding of the structure of employees' motivation, we carried out regression analyses for the criterion variable of ideal employees.
（従業員の動機付けの構成に関する理解をより深めるために，理想的な従業員に関する基準変数の回帰分析を実施した。）

| ポイント | 結果の章で分析手法を再度述べるとわかりやすい。 |

2-2　ムーヴ②：結果の提示と評価

　このムーヴは結果の章では必ず書くことになります。どの研究分野でも表現方法はある程度一定で，ここで示す例をそのまま活用できます。以下

が主な定型の表現です．(1)は仮説通りの結果になった表現で，(2)はそうはならなかった際の記述です．また，検証の結果は表やグラフを活用することも多く，これらの使用頻度の高い表現を(3)にまとめました．

(1) 仮説通りの結果となった場合
- 仮説が支持された　　　hypothesis was supported by our data
- 有意な差がある　　　　significantly different
- 有意な効果　　　　　　a significant effect
- 似たような効果を示した　exhibited a similar effect on

例 **19-6** は，回帰分析から有意な結果が得られたことの記述です．**19-7** では，動機付けの要因が，同様な効果を与えたことを示しています．

19-6　The regression analysis indicated that all three factors were significant in predicting total L2 Proficiency.
（回帰分析の結果，全ての3つの因子が，第2言語の能力を予測するのに有意な因子であることが示された．）

19-7　These findings revealed that such motivation factors exhibited a similar effect on job performance.
（これらの発見は，そのような動機付けの要因は同じような効果を仕事の成果にもたらすことを明らかにした．）

(2) 予想される結果が得られなかった場合
- 予期しなかった　　　　　findings are unexpected
- 有意な差がない　　　　　no significantly different
- …に渡り多様な結果となった　varied significantly across ...

例 **19-8** は，結果が先行の理論的な研究の成果と適合しないという内容です．また **19-9** は，統計の分析結果に有意な差がない場合の表現です．

19-8　These findings are particularly unexpected in the light of previous theoretical analyses (e.g. Thomas, 2010).
（先行研究 Thomas, 2010 の理論的な分析を見ると，特に予想外である．）

19-9　We have found no significantly different performance results between the two groups.

（2つのグループの行動には有意な差がなかった。）

(3) 図や表，グラフと共に結果を提示する場合
- 表，図（グラフ）が示している
Table 1 presents, Fig.1 shows, Table 2 displays, Fig.2 displays
- 表，図（グラフ）で示されているように
As shown in Table 3/ Fig. 3 ..., As seen in Table 4 / Fig. 4 ...

19-10 では，提示した表からわかるように相関関係の検証で有意な結果が得られたということを述べています。**19-11** はグラフに言及する時に使われる表現で，この場合は時間の経過を表しています。

19-10　As shown in Table 1, the correlations between the immediate posttest total score and the total score on the stimulated recall are significant at the $p < .05$ level.
（表1に見られるように，事後のテストの合計点と，振り返りの合計の間には95％の確率で有意な相関関係がある。）

19-11　As shown in Figure 1 the participants spent twice as much time solving problems in the L2 task (x= 23.32, SD = 7.31) as in the L1 task (x = 12.61, SD = 5.02).
（図1が示すように，実験参加者はL2（第2言語）タスクの問題を解くのに，L1（第1言語）のタスクの2倍の時間をかけていた。）

ポイント
- 結果は予測したものと適合するかどうかを述べる。
- 表やグラフをうまく活用する。

2-3　ムーヴ③：先行研究の結果との比較

結果の章で先行研究を引用するのは，主に2つの役目があります。1つ目は，研究結果の適切さの裏付けとして先行研究を利用します。2つ目は先行研究の主張を引用し，新規の発見という成果を際立たせる手法です。

(1) 結果の適切さの裏付け
例文の **19-12** では，結果が一致することを表現する時に多用される be

consistent with が使われています。**19-13** では，結果として得た効果は，初期の研究から認められた適切なものであることを示しています。

19-12 This result is consistent with Charles (2006).
（この結果は，Charles (2006) の研究と一致する。）
19-13 This effect is well understood from earlier research (Themes, 1985).
（この効果は Themes (1985) の初期の研究から十分理解されている。）

(2) 結果が例外的な新規のものである場合

結果がこれまでになかったもの（not present）であることを際立たせるため，**19-14** は代表的な先行研究を引用しています。また，**19-15** では，他の研究では予測されない結果であることを，具体的な研究例を示し述べています。

19-14 This feature is not present in Young et. al (1998).
（この特徴は Young et. al (1998) では現れていない。）
19-15 This result is not predicted by most other current models of cognitive processing (e.g. Bergman, 2008).
（近年のほとんどの認知プロセスのモデルで予測されていない結果だ。）

> ポイント｜先行研究を引用し，結果の正当性や新規性を強調する。

2-4　ムーヴ④：結果の理由と解釈

単に結果の報告だけでなく，その理由や，結果から導かれる示唆を記述すると，論文により説得力が出ます。また，結果から研究仮説が証明されたことを説明します。さらに，研究の価値を示すメタディスコースを加え，読者を惹きつけることもできます。ただし，理由や示唆はあくまで書き手の主観なので，ヘッジ表現を使い主張を弱めることもあります。

(1) 結果から導かれる示唆

19-16 は，文頭にメタディスコースの Accordingly を置き，結論を導き出すことを伝えています。**19-17** でも Overall という，まとめを示すメタ

ディスコースで始め，結果から得られた結論を記述しています。

19-16 Accordingly, there was no need to control for the effects of combinations.
（以上から，結合化した効果をコントロールする必要はなかった。）

19-17 Overall, we observed that the treatment worked well for the newly discovered SNPs.
（全体的に新発見の SNP には，その処置が作用することを観察した。）

(2) 仮説の支持の確認

19-18 は，仮説が支持された際に最もよく使われる表現です。**19-19** は結果が他の証拠とも一致し，仮説が証明されたという記述です。このように，研究結果と論文の目的との関連を明確に書く必要があります。

19-18 Thus, our first hypothesis was supported by our data.
（従って，我々のデータによって最初の仮説は支持された。）

19-19 This distribution is consistent with comparable estimates obtained in the U. K, thus supporting Hypothesis 1.
（分布は，比較対象の英国の評価と一致し，仮説 1 を支持している。）

(3) 研究の価値を示すメタディスコース

先行研究で解明されていなかったことや，新規の貴重な発見に関して，文頭のメタディスコースで読者に明確に示すと有効です。**19-20** では，Interestingly で始め，興味深い結果が得られたことを示唆しています。**19-21** では，驚くべき結果について説明を加えています。

19-20 Interestingly, we also found that wild-type cells maintain roughly constant levels.
（興味深いことに，野生型の細胞にもほぼ一定レベルを発見した。）

19-21 A surprising feature of the above results is the relatively poor performance of the DL.
（上に述べた驚くべき特徴は，DL の比較的弱い活動によるものだ。）

(4) ヘッジを利用した主張の防御

結果の説明にヘッジを使い主張を弱めれば，根拠が完璧ではないことの

示唆となり，査読者の反証による指摘を受けにくくなります。**19-22** は，Possibly のメタディスコースで，1つの可能性に過ぎないと示唆しています。さらに，積極的に学ぶことが要因という主張に could を使い，可能性というヘッジをしています。**19-23** は，白血病に効果的な物質の発見という重大な内容です。動詞は suggest を使い，示唆という記述から始めています。次に重要な発見に関して might のかなり弱い推測を示唆するヘッジを使っています。このように自然科学では，新規の重要な発見に関しての報告は，議論を十分に防御することがよく見られます。

19-22　Possibly the experienced L2 learners in the present study could be more actively trying to understand the language.
（たぶん，この実験に参加した，経験のある第二言語学習者は，より積極的に言語を学ぼうとしていたと考えることも可能だ。）

19-23　These findings suggest that even brief exposure of T-ALL cells to SAHM1 might be sufficient to prevent the establishment of leukemia in vivo.
（これらの発見は，T-ALL 細胞を短期間でも SAHM1 にさらすことで生体内の白血病予防に十分かもしれないことを示唆している。）

3 ❖ 結果の章のムーヴのまとめ

以下が結果の章のムーヴのまとめです。ムーヴ②と④は必須です。

ムーヴ①　検証の目的と方法の正当性
①-1　検証の目的と方法の確認，およびその正当性
①-2　分析方法とその目的の確認
ムーヴ②　結果の提示と評価
②-1　仮説を支持する結果
②-2　仮説とは異なる結果
②-3　図や表，グラフが示す結果
ムーヴ③　先行研究の結果との比較
③-1　先行研究と一致
③-2　先行研究では見られなかった新規の発見

ムーヴ④　結果の理由と解釈
④-1　結果から導かれる示唆
④-2　仮説の支持の確認
④-3　研究の価値を示す
④-4　ヘッジを利用し主張を防御

それでは，代表的な結果のムーヴを具体例で確認しましょう。

結果	ムーヴ
<u>To answer the research question</u>, a repeated-measures ANOVA <u>was performed to examine</u> the effects of narrative task design on the non-native speakers' performance. <u>Table 1 shows</u> that the effect of the complexity of the inherent structure on the non-native speakers' performance <u>did not reach significance</u>. On the other hand, storyline complexity created enough of a difference to <u>reach statistical significance as is consistent with previous research</u> (Nadal, 2008). <u>The results indicate that</u> the non-native speakers' performance on multilevel narratives is significantly different from that on tasks with high-level narratives only, <u>thus supporting Hypothesis</u> 1. The effect size for this difference show a <u>significant effect</u> of the storyline complexity level on the non-native speakers' performance. We <u>could</u> introduce such narrative approaches in a classroom context.	①-1　目的 ①-2　分析方法 ②-3　表の言及 ②-2　有意でない ②-1　有意である ③-1　先行研究と一致 ④-1　結果の示唆 ④-2　仮説の支持 ④-3　研究の価値 ④-4　ヘッジの活用

以下が各ムーヴに分けたこの例の日本語の部分訳です。
①-1　研究課題に答えるために，①-2 反復の ANOVA を実施し，読み語りをするタスクの与える非母語話者行動への影響を調べた。
②-3　表1が示すように，内部構造の複雑さの非母語話者に与える影響は
②-2　有意でなかった。

19章　結果（リザルト）の書き方　181

②-1　一方で，物語展開の複雑さの差の影響は有意な違いが見られた。
③-1　Nadal（2008）の先行研究と一致した。
④-1　結果は，非母語話者が，様々なレベルの読み語りをすることと，高レベルの読み語りのみとに有意な違いが見られた。
④-2　これは仮説1を支持することとなった。
④-3　この差異における効果の影響の大きさは，物語展開の重要な効果があることを示している。
④-4　このような手法を教室で導入することも可能であろう。

　図 19-1 は結果の章のテンプレートです。各自の研究成果に基づき，それぞれの項目の下線部分に必要事項を記入してください。

図 19-1　結果の章のテンプレート

ムーヴ①　検証の目的と方法の確認，およびその正当性
　In order to answer the research question, it was necessary to use ＿＿＿＿＿＿＿＿＿＿＿＿＿＿＿＿＿＿＿＿＿＿＿＿＿. 統計手法等を記入

ムーヴ②　結果の提示と評価
　• As shown in Table 1 ＿＿＿＿＿＿＿＿＿＿＿＿＿＿＿＿＿.
　　　　　　　　　　　　表で示した内容を記入
　• These findings revealed that ＿＿＿＿＿＿＿＿＿＿＿＿＿＿＿.
　　　　　　　　　　　　　検証項目
　significantly different / a significant effect ＿＿＿＿＿＿＿＿.
　　　　　　　　　　　　　　　　　　　　結果を記入

ムーヴ③　先行研究の結果との比較
　This result is consistent with ＿＿＿＿＿＿＿＿＿＿＿＿＿＿＿.
　　　　　　　　　　　　　先行研究を記入

ムーヴ④　結果の理由と解釈
　• Thus, hypothesis was supported by ＿＿＿＿＿＿＿＿＿＿＿＿.
　　　　　　　　　　　　　　証拠となる結果
　• A surprising feature of the above results is ＿＿＿＿＿＿＿＿.
　　　　　　　　　　　　　　　　　　　　新規の成果
　• The reason for this could be ＿＿＿＿＿＿＿＿＿＿＿＿＿＿.
　　　　　　　　　　　　　結果の理由

練習問題 1
以下は結果の章におけるどのようなムーヴか説明しなさい。
(1) The regression analysis indicated that all four factors were significant in predicting total L2 Proficiency.
(2) These findings are particularly unexpected in the light of previous theoretical analyses (Brown, 1988; Williams, 2004).
(3) Table 1 compares some of the statistics from this example with those from U.S. data.

練習問題 2
次の各文は結果の章のどのムーヴか，またその特徴は何か説明しなさい。
(1) As the result in Table 2 shows mussels from these vents were also able to take up hydrogen, consistent with previous reports (Green, 2009: Piotrowski, 2011).
(2) The reason for this might have been the low number of items originally intended to measure this construct and its partial overlap with language use anxiety.
(3) To determine the latent structure to predict L2 proficiency, a factor analysis with varimax rotation was performed on the data.
(4) We were surprised to find that in our survey instrumentality could not be adequate.

練習問題 3
次の文を各ムーヴに分け，重要な表現に下線を引きなさい。

We used logistic regression because it represents the most effective methodology for testing the hypothesized effects (Amides, 2003). Table 2 shows the correlations for the variables and factors used in this study. Examination of the correlations shows a negative relationship between CFO stock holdings and firm size. Thus, the second hypothesis was not supported by our data. We note that this result is not predicted by most other current studies (e.g. Owen, 2013). In conclusion, it could not be said that CFOs of larger firms always received higher levels of compensation than those of smaller firms.

20章 ディスカッションの書き方・1

この章で学ぶこと
- 研究の成果を効果的に伝える
- 研究課題のニッチをいかに達成したか提示する

　研究の価値を決める最も重要な章がディスカッションです。結果から得られた成果を最大限に読者にアピールします。また一方で，ジャーナルの編集者や査読者を納得させるには，ヘッジを使い，巧みに成果を伝える必要もあります。これらの権威者と文章で交渉を行う英語の記述が求められます。本章と次の章では，論文が受諾されるためのディスカッションにおける上手なムーヴの構築方法を学びます。以下の点を明確に書くことがディスカッションの目的です。

●ディスカッションで記述する内容
1) 自分の研究は，この分野にどのような貢献をしたのか
2) 自分の研究課題をいかに解決したのか
3) 研究の成果からどのような理論的な示唆を得られたのか
4) 今後の研究課題はどのようなものか

　ひとことで言うと，これまでの研究と何が異なり，どのような新たな貢献をしたのかを明らかにすることが必要です。
　なお自然科学などでは，4) の今後の研究課題を書かないこともあります。同じのテーマについて，多くの研究者が成果を求めて競争をしているため，4) を明示することが，必ずしも自分の利益にはならないからです。

1 ❖ ディスカッションの章でよく使われる語句

　この章は，読者を説得するという，明確な目的にあった特徴的な表現が使われます。研究論文の他の章を集めたコーパスと比較した Keyword 分析結果において，特徴語として抽出されたものを表 20-1 にまとめてみました。表の数字は，ディスカッションにおける使用回数です。

表 20-1　ディスカッションの章の特徴語と使用回数

法助動詞とヘッジの数	名詞・形容詞・副詞の数
may　　　　　　　　(151)	finding (87), findings (38)
might　　　　　　　(78)	results　　　　　　(108)
would　　　　　　　(108)	performance　　　　(128)
should　　　　　　　(58)	important　　　　　(67)
likely　　　　　　　(52)	differences　　　　　(73)
	different　　　　　　(90)
suggest (41), suggests (44)	explanation　　　　(25)

$p<0.0001$ レベルで有意

　ディスカッションの章の特徴は，法助動詞やヘッジが多く使われることです。これらは前ページで示した，この章の記述する内容の 1)〜3) のように，研究の貢献や，どのように課題を克服したかという記述に必要になります。書き手の独自の見解を記述するには，断定的な表現を避けるための，示唆する（suggest）などの表現が適切です。新たな理論的な提案を同じ研究分野の権威者に伝える時は，特に慎重に行うべきです。この際，記述内容を防御し，できるだけ批判を受けないようにします。そのために，可能性を低める may，might や，仮定であることを示す would などの法助動詞も有効になります。

　これら以外にも，あくまで傾向であることを伝える likely などのヘッジが使われます。また，記述内容 4) で今後の研究課題を提示する際に有効なのが，法助動詞の should になります。この章の役割の 1 つとして，将来すべき研究を提案するからです。

　その他の特徴語としては，研究の成果として得られた発見 finding(s)，や結果 results，被験者の行動などを表す performance が使われます。このような成果の状況について表現する時に，重要さを示す important や，比較した結果の相違を表す differences, different が使用されます。また，結果の理論的な見解を展開する場合に，その理由を説明する explanation という表現が他の章に比べて多くなっています。

ポイント
- 議論を防御するために法助動詞やヘッジを利用する。
- 結果から得られた示唆を行う表現を使う。

2 ❖ ディスカッションの章のムーヴ

　研究の成果に独自の見解を加え，新しい理論的な貢献を記述するのがディスカッションの章の目的です。これにはかなりの英語力が必要となりますが，以下で示すムーヴに沿って書いていけば，ある程度完成度も高くなります。自然科学の分野では，新規の発見とその説明に重きを置く傾向があります。これは近い分野を調査している研究者が多く，現状の課題への認識が共有されやすいからです。このため，新たな理論の構築というより，今の段階を一歩前に進める報告となる傾向があります。一方，社会科学では，これらに加え理論の構築も行われます。また，人文科学の高いレベルのジャーナルでは，一般にディスカッションで該当分野への明確な理論的貢献をすることが要求され，記述は長くなります。多少の違いはありますが，どの研究分野も，大きく分けると以下の3つのムーヴで構成されています。

●ディスカッションのムーヴ
　ムーヴ①：研究成果のまとめ
　ムーヴ②：これまでの研究と関連した新たな示唆
　ムーヴ③：理論的示唆と新たな課題の提示

　この章の特徴は，どのムーヴでも先行研究を引用し，自分の研究の価値を明確にすることです。このためには，論文の他の章とうまく結びつけなければなりません。以下が各章と関連させる内容です。

●ディスカッションと論文の各章との関係づけ
　1) イントロダクションの章で示した研究のニッチの制覇
　2) 文献レビューで記載した重要な先行研究に再度言及
　3) メソッドの章で提示した研究手法の適切さに言及
　4) 結果の章の報告に関する信頼性と妥当性の記述

　ディスカッションの3つのムーヴは，さらにより詳細な項目に分かれています。これらの下位項目のムーヴを，全て網羅する必要はありません。書き手がどれを使うか選択し，読者を説得していきます。それぞれの書き方を見ていきましょう。

3 ❖ ムーヴ①：研究成果のまとめ

　ムーヴ①は，ムーヴ②で大切な主張を行う前に，実験の目的や手法を確認し，結果の章で報告した内容について解説をしていく箇所です。ムーヴ①には，次のような下位項目のムーヴがあります。

ムーヴ①-1　研究の背景や理論に関する情報
　　　①-2　分析方法の再確認
　　　①-3　結果の強調

　これらの下位項目は，上のポイントで示した，論文の各章と効果的に結びつけるという役割があります。ただし，論文の前の章で記述した内容の繰り返しにもなるので，くどくならないように気を付けます。

　ムーヴの①-1 では，イントロダクションの章と関連づけ，論文の目的や，研究の背景を読者に再確認してもらいます。なお，自然科学分野では，このムーヴを構築するケースは多くありません。①-2 では，メソッドの章と関連づけ，分析方法が成果を出すのに最適であることを示します。①-3 は，結果の章で報告した内容を強調します。以下にそれぞれの具体例を示します。

3-1　ムーヴ①-1：研究の背景や理論に関する情報

　例の **20-1** では，研究分野において既存の理論を発展させることが目標であったことを示しています。**20-2** は，論文の目的が，研究領域の課題に関する，実験的な妥当性を評価することであったことを確認しています。これらは，この後に記述する研究成果が何を求めた結果なのか，読者に思い出してもらう効果があります。

20-1　Our goal in this article has been to propose a theory concerning interpersonal relationships in the media industry.
　　　（この論文の目標は，メディア産業における人間関係についての理論を提唱することであった。）

20-2　The aim of this article was to assess the empirical validity of correlated equilibrium in this research field.

(この論文の目的は，この研究分野における相関均衡の実験的な妥当性を評価することであった。)

3-2　ムーヴ①-2：分析方法の再確認

　研究の分析方法に関しては，通常メソッドの章で詳しく述べます。このためディスカッションで記述する場合は，あまり一般的でない検証方法を使用した際に，読者に再度そのことを確認してもらう目的で書く傾向があります。研究分野で広く活用されている手法の場合は，このムーヴを構築する必要はありません。

　例の **20-3** では，語彙学習の特異な方法を用いたことが，研究の成果に影響を与えるので再度記載しています。また，**20-4** では，クロマチン免疫沈降法（ChIP-Seq）という特殊な分析方法で検証したため，ディスカッションにこの記述がありました。

20-3　We embedded the vocabulary into semantically related story contexts and encouraged participants to learn the vocabulary.
　　　（特定の語彙を意味的に関連のある物語に組み込んで，被験者にその語彙を学ぶように勧めた。）

20-4　We have determined the genome-wide distribution of the protein using the ChIP-Seq directly from developing mouse tissues.
　　　（ネズミの組織から直接構築し，ChIP-Seqを使ってゲノム規模でのタンパク質の分布を決定した。）

3-3　ムーヴ①-3　結果の強調

　このムーヴは研究結果を再度述べることになりますが，特に重要な成果を強調します。この際，ブースターを使い成果を際立てます。**20-5** ではレベルの高い実証ができ，素晴らしい記述ができたと，研究の価値をアピールしています。また **20-6** は，長年の謎を解明し，驚くべき成果が得られたという報告を行っています。ディスカッションの章では，このように結果を強調する表現を使い，編集者や査読者を説得します。

20-5 The results have shown a high level of population substructure in Africa, and provided an excellent description of genetic variation in many African groups.
（アフリカでの高レベルの人口の基盤構造を実証し，多くのアフリカ人集団の遺伝子の多様性の素晴らしい記述を提供している。）

20-6 Our findings solve the century-old mystery of the origin of coronary arteries and show a surprising source of progenitors.
（結果は環状動脈の原型の一世紀間の謎を解き，驚くべき起源を示した。）

4 ❖ ムーヴ②：これまでの研究と関連した新たな示唆

これまでの研究と関連する新たな示唆をするムーヴ②の下位項目は次のようになります。

②-1　展開する主張のサポート
②-2　新規の発見
②-3　仮説に反する結果とその説明

ディスカッションの章では，このムーヴがとても大切になります。研究成果の重要性を，先行研究と関連づけて読者に説得していきます。先行研究の活用には2つの方法があります。1つ目は自分の主張を裏付ける理論的なサポートとしての活用です。もう1つは，これまで解明されていないことについて，自分の研究で証明したことを強調する方法です。

これら以外に，ムーヴ②-3で研究結果が仮説通りにならなかった場合の報告と，その理由を述べることもあります。実験には完璧などないので，予想しなかった結果もあるでしょう。このことを客観的に述べると論文の信頼性が増します。それぞれ具体例を見ていきましょう。

4-1　ムーヴ②-1：展開する主張のサポート

先行研究を活用し，自分の主張を展開しているのが以下の例になります。**20-7** では，先行研究と一致していることから，研究結果で得られた因子は妥当であるという主張です。**20-8** は，先行研究で提案されていた理論を，論文で証明することができたという内容です。

20-7 The finding of the factor is consistent with Hogue's (2001) hypothesis that language learning is composed of subcomponents.
(その因子の発見は，言語学習は下位要素で構成されているというHogue（2001）の仮説と一致している。)

20-8 Our findings support Hakuta's (2006) proposal that distributed conditions are affected by limited situational information.
(我々の発見は，物流の条件は，限られた状況の情報によって影響を受けるというHakuta（2006）の提案を支持するものである。)

次の 20-9 は先行研究を引用し，実験の結果は正確なものとなることを示唆しています。このように，代表的な先行研究をうまく活用し，研究の成果は妥当であるという記載をして，読者を説得しています。

20-9 As many scholars (e.g., Quirk, 1995; Robinson, 2001) have pointed out, the achievement-enhancing outcomes of tutoring presented in this study tend to be reliable.
(Quirk（1995），Robinson（2001）などの例で，多くの研究者が指摘しているように，この研究で示した達成を促進する個別指導は，確固とした結果となる傾向がある)

4-2 ムーヴ②-2：新規の発見

この下位ムーヴが，論文では最も大切な箇所となります。自分の発見が斬新で，研究分野に大きな貢献をしたというアピールをします。このために，先行研究ではその成果は得られていないことを述べます。

20-10 では，先行研究の病院における検証とは異なる結果が得られたことを述べ，発見の重要性を示しています。

20-10 This finding of the human brain damage runs counter to those reported by Arnold (2003) in hospital contexts.
(人の脳の損傷に関するこの発見は，Arnold（2003）の病院での状況の報告とは反するものである。)

例 **20-11** は，これまでの研究者によって，性別に関連する状況要因の重要性は指摘されてきたことを述べています。しかし，そのことを実際に確かめたものは少なく，これが最初の実験的検証となると書くことで，研究の価値を訴えています。

20-11 Although previously many researchers have argued the importance of contextual factors related to gender (e.g., Tomas, 2005), this paper is among the first empirical studies to consider social contexts from the psychological perspective in firms.
（これまでの多くの研究者が性別に関する状況の要因の重要さを述べているが，この論文は企業における心理学的な観点から社会の状況を考察した最初の実験的研究の1つである。）

例 **20-12** は，代表的な先行研究があまり注目しなかった研究テーマを検証し，その結果が該当分野の発展に貢献することを示唆しています。

20-12 Surprisingly, the emotional states of EFL learners have received little attention in previous representative studies (e.g., Ellis, 2007; Skehan, 2009). However, the results of this study have shown that learners' emotional responses are enhanced by particular topics and experiences, which could improve their learning attitudes toward vocabulary tasks.
（驚くことに，Ellis (2007)，Skhehan (2009) といった代表的な先行研究ではEFL学習者の情動状態には，わずかな注目しか向けられていなかった。しかし，この研究の結果，特定のトピックや経験により学習者の情動的反応は改善され，語彙タスクに対する学習態度が向上されることが示された。）

以上のように，先行研究を活用し，既存の報告と反する結果や，実際には検証されていない事象に注目したことを際立てます。さらに，これまで見過ごされていた重要な課題等のポイントであることを強調し，論文の価値を訴えることは有効です。

ポイント	• 研究成果をアピールする報告内容の明示 • 既存とは異なる結果を得たことを訴求 • 理論を実際に確かめたことを訴求 • これまで見過ごされていた重要な課題の報告

4-3　ムーヴ②-3：仮説に反する結果とその説明

　検証した仮説を証明できない場合や，予期せぬ結果が出た時にこのムーヴを使います。予想に反する結果を述べ，その理由を説明します。

　20-13 では，フィードバックの受け方により，結果に違いが出るという予測通りにならなかったことの記載です。2番目の文章は，その理由を説明しています。場合によっては，プロンプトを使う手法が，リキャストの手法より効果があったのかもしれないと記述しています。

20-13　<u>Contrary to expectations</u>, both groups made similar progress afterwards, despite the type of feedback they received. <u>One possible reason for this</u> is that students receiving prompts would outperform those receiving recasts in some cases.
（<u>期待とは反して</u>，両方のグループとも受けたフィードバックの形に関わらず，時間の経過とともに同様の進歩を見せた。<u>この理由の1つとして</u>，プロンプトによるフィードバックを受けた学生は，状況によっては，リキャストを受けた者を上回る成果があったかもしれない。）

　20-14 は，この論文の仮説1aで予測した，専門家の期待通りの結果が得られなかったことを報告しています。次の文では，被験者への質問の方法に問題があったかもしれないという説明をしています。実験の手法自体の問題点を指摘しているのです。

20-14　<u>This outcome was not anticipated</u> by the committee of experts established to oversee the tournament <u>as expected in Hypothesis 1a</u>. <u>It is possible that</u> these conditions made it difficult for participants to answer the questions concerning team tasks.
（<u>この結果は</u>，<u>仮説1aで予想したような</u>，トーナメントを監督するた

めに構成された専門家のメンバーが期待していたものではなかった。これらの状況では，被験者はチームタスクに関する質問への回答が困難だったのかもしれない。)

　実験でいくつかの仮説を立てた場合，全てが予測通りになる場合は多くありません。この際，例で見たように，何らかの要因を考えて読者に説明します。立てた仮説自体に見直しが必要なのか，研究手法に改善をすべきなのか解説します。このような問題点に関して，次章で扱うムーヴ③で研究の限界とし，新たな研究課題の提案にすることも可能です。

練習問題1

　次の文はこの章で示したディスカッションのどの下位項目のムーヴか，またどのような特徴的な表現を使っているか説明しなさい。
(1) The primary objective of this study was to investigate the relationship between customer loyalty and customer satisfaction.
(2) This study provides a markedly improved specificity for locating enhancers in the human genome.

練習問題2

　次のディスカッションにおける記述は，この章で示したどのムーヴの下位項目に属するか。また，その特徴的な表現を示しなさい。
(1) This finding may also be explained by the fact that the EFL learning attitudes of secondary school students are primarily based on classroom experience and are largely shaped by teachers (see, e.g., Banks, 2010).
(2) As an unexpected finding, our studies have not observed the mobile sRNAs in treated animals. Different explanations can be put forward to explain this negative result.
(3) Despite the expectation of finding this mechanism, no instances have been found in previous studies (e.g., Bhatia, 2008). Our identification of the stain reveals a new mechanism by which cells could coordinate a variety of prominent secretory pathway processes.

21章 ディスカッションの書き方・2

この章で学ぶこと
- 結論と理論的示唆を書く
- 研究の限界と今後の研究課題を示す

　ここでは，前章で確認したディスカッションの章におけるムーヴ③の書き方を学びます。続いて，結論の章の構成のしかたを説明します。論文によっては，結論の章をディカッションに含めるものも多くあります。また最後に，ディスカッションの章の書き方についてまとめます。

1 ❖ ムーヴ③：理論的示唆と新たな課題の提示

　ディスカッションのムーヴ③は，他の研究者に様々な研究の示唆を行うものです。書き手が構築した新たな理論的示唆を行い，今後の研究に活用してもらいます。また，自分の研究の限界や問題点を提示することにより，論文の客観性を出し，研究者としての資質を示します。さらに，これらの解決されない課題を次に続く研究テーマとして記述することで，該当分野への貢献を明らかにします。以下の3つが主な下位項目となります。

● ムーヴ3の下位項目
　③-1　研究成果に基づく理論的示唆
　③-2　研究の限界や問題点（limitations）
　③-3　次に行うべき研究案

1-1　ムーヴ③-1　研究成果に基づく理論的示唆

　ここがディスカッションにおいて，論文の貢献を示す重要な項目です。しかし，査読者や編集者に対して，その価値をアピールする際はヘッジを使い慎重に行います。自分の議論をあらかじめ防御しておく必要があるからです。

　例 21-1 は，Finally というメタディスコースを文頭に置き，これから述

べる内容が最終的に言いたいことであることを読者に伝えています。年齢による差別を抑制するサービスが，必ずしもそれだけでネガティブな行動の減少に導いたとは言えない，という結論になったことを報告しています。ヘッジとなる動詞の suggest を使い，あくまで示唆であることを記述しています。さらに法助動詞 may のヘッジを使い，結果が断定的ではないように表現することで主張を防御しています。

21-1 Finally, our results suggest that the significant drop in such negative behaviors may not have been entirely a consequence of actions taken by the services to discourage age discrimination.
（最後に，我々の結果によると，そのようなネガティブな行動が有意に減少したことは，必ずしもすべてが年齢による差別を抑えようとする事業が実施された結果によるものとはいえないであろう。）

次の **21-2** の例では，メタディスコースの In conclusion を使い，論文の結論を記述することを示しています。特定の病気の発症に関連する遺伝子の部位を見つけたという重要な報告です。この部位は病気の発症の原因になることを，ヘッジの法助動詞 could を使い可能性であるとし，議論を弱めています。

21-2 In conclusion, we have identified several gene loci that are associated with common disease for elder people. Such loci could lead to specific disease pathogenesis.
（結論として，年配の人に起こる一般的な病気に関連するいくつかの遺伝子部位を見つけた。そのような部位は，特定の病気の発症に結びつく可能性がある。）

例 **21-3** は，英語をどれだけ国際的な言語と見なすかという点で，言語使用の成功者に対するイメージが決まる，という新たな理論を展開しています。法助動詞の might という，主張をかなり弱めるヘッジを使うことで防御をしています。

21-3 According to the present findings, we might conclude that it is learners' attitudes to English as an international language that creates

21 章　ディスカッションの書き方・2　195

their image as a successful user of the target language in the future.
（今回の発見によると，国際語としての英語に対する学習者の態度が，将来の目標言語の成功した使用者のイメージに影響を作ると結論づけてもよいであろう。）

> **ポイント** ディスカッションのムーヴ③で新たな理論を提示する際はヘッジを使う。

1-2　ムーヴ③-2：研究の限界や問題点

　研究課題を検証するには様々な変数を制御する必要があります。ところが，全てをコントロールして実験を行うことは困難です。たとえば，推定したい母集団を代表するように，被験者はできるだけ多い方がよいでしょう。しかし現実には，時間や経済的理由から容易ではありません。このような限界を論文の中で書くことで，投稿者が問題を認識していることを示せば，査読者からの指摘を受けることが少なくなります。

　また，この項目では，証明できなかった仮説や，予想外の結果となった際の研究計画の問題なども記載しておきます。

　例 21-4 は，研究の限界の代表的な書き出しで，そのまま活用することができます。

21-4 Our results should be interpreted within the context of several limitations.
（我々の結果は，いくつかの制限のある状況で解釈を行うべきである。）

　21-5 では，他の研究と同様に，この研究にも限界があることを述べています。その具体例として，1つの時点で収集した横断的なデータなので，因果関係を特定するのは困難であるという記述です。

21-5 As with most studies, our research is not without limitations. For instance, our data are cross-sectional, and therefore, the direction of causality could not be confirmed.
（他のほとんどの研究と同様に，我々の研究も限界がないわけではない。

たとえば，我々のデータは横断的分析なので，因果関係の説明には<u>確証を持てない可能性もある</u>。）

次の例 **21-6** では，研究計画の限界を示しています。取り扱ったデータでは，性差別と離職の関係に影響を与える要因を計測できないために，考察は推論であることを伝えています。

21-6 However, because the factors affecting the relationship between gender discrimination and turnover <u>are unmeasured</u>, <u>we can only speculate about</u> the source of these results.
（しかしながら，性差別と離職の関係に影響を与える要因は<u>計測していないので</u>，これらの結果の根源<u>については推測することしかできない</u>。）

1-3　ムーヴ③-3：次に行うべき研究案

自分の研究の限界や問題点を示し，それに関連した将来の研究テーマを記述することで，研究分野への貢献をすることができます。

21-7 の例は，将来の研究に対する提案の最も一般的な表現です。1つの実験が，異なる国や環境ではどのような結果になるのか，という検証の提案です。このように記述しておくと，同様の研究を他の国で追随してもらえるかもしれません。

21-7 <u>Further empirical work is required on</u> primary school children learning English as their L2 <u>in different</u> language learning <u>contexts</u>.
（さらなる実験的検証は，言語の異なる環境で，英語を第二言語として学ぶ小学生を対象に行う必要がある。）

次の例 **21-8** では，情報共有化という演習の効果を，異なる状況で確認することを将来の課題としています。続く文では，海外での状況を知ることが有効であると理由の説明をしています。このように，提案したテーマが研究分野になぜ役に立つのか記述すれば，論文の貢献度が高まります。

21-8 <u>Future research should investigate</u> the incidence of situational differences in information-sharing practices. It would be useful to

see whether team members can be trained to communicate about situational differences in overseas business.
(将来の研究は，情報を共有する演習における異なる状況の発生の調査を行うべきである。チームのメンバーが，海外ビジネスの異なる状況についても対話の訓練ができるか確認するのは有効であろう。)

　21-9 の例は，論文の中で取り扱えなかった研究テーマを提示しています。2番目の文は定型的な表現で，この下位項目を終わる際に有効です。

21-9 Further questions to be investigated include the effects of cultural narratives on conversation between language teachers and their students. We leave these extensions to future research.
(さらなる課題は，語学教師と彼らの学生との会話に対する，文化的な物語の影響を調査すべきである。我々はこれらの発展を今後の研究にまかせたい。)

2 ❖ ディスカッションのムーヴのまとめ

　2章にわたって説明してきた研究の価値をアピールするディスカッションのムーヴをここでまとめます。

ムーヴ①：研究成果のまとめ
　①-1　研究の背景や理論に関する情報
　①-2　分析方法の再確認
　①-3　結果の強調
ムーヴ②：これまでの研究と関連した新たな示唆
　②-1　展開する主張のサポート
　②-2　新規の発見
　②-3　仮説に反する結果とその説明
ムーヴ③：理論的示唆と新たな研究課題の提示
　③-1　研究成果に基づく理論的示唆
　③-2　研究の限界や問題点
　③-3　次に行うべき研究案

3つのムーヴを含むディスカッションの具体例を見ていきましょう。

ディスカッション	ムーヴ
The role of specific strategies such as negotiation of meaning has been an important object of study for a long time (e.g., Doughty & Pica, 1986). However, there is little research that has demonstrated a direct relationship between the incidence of strategies for negotiation and an increase in language proficiency. This research attempts to provide several insights into whether the use of a specific strategy for interaction impacts on EFL performance with multiple data analyses. Stepwise multiple regression analysis was used to determine the relationship between variables collected in students' transcription data and their oral proficiency in the posttest. The results clearly support the prediction in pre.vious research that these negotiating behaviors enable learners to gain opportunities to develop their productive capacity in the TL (e.g., Pica, 2002; Varonis & Gass, 1985). In particular, the current study has demonstrated a clear relationship between the incidence of negotiated interaction and increases in oral communication ability. Overall, it can be said that negotiation strategies provide learners with opportunities to attend to TL form and to relationships between the form and meaning. However, as the current research did not conduct a delayed posttest, future studies should examine the longitudinal effects of strategy training on students' oral proficiency.	①-1 研究の背景や理論 ①-2 分析方法の再確認 ①-3 結果の強調 ②-1 主張展開のサポート ②-2 新規の発見 ③-1 研究成果に基づく理論的示唆 ③-2 研究の限界 ③-3 次の研究案

以下は，この例を各ムーヴに分けた試訳です。

①-1　意味交渉のような特定方略の役割は，長い間<u>重要な研究課題で</u>あった（例 Doughty & Pica, 1986）。<u>しかしながら</u>，意味交渉の出現と言語熟達度との直接の関係を実証できた<u>研究はほとんどなかった</u>。

①-2　この研究は対話中の特定の方略が EFL（外国語としての英語）の行動にどのように影響があるのか，<u>いくつかの示唆を与えようと</u>複合のデータ分析で考察を行った。学習者の発話を文書化したデータと事後の発話テストの関係<u>を決めるためにステップワイズ重回帰分析を使った</u>

①-3　結果は，先行研究の予測を<u>明確に支持した</u>，

②-1　Pica (2002) および Varonis & Gass (1985) の例のように，意味交渉の行動が目標言語を生産する能力を伸ばす機会を手に入れるというものだ。

②-2　特に，この<u>研究では意味交渉の出現と発話能力向上における明確な関連を実証した</u>。

③-1　<u>全体として</u>，意味交渉の方略は，目標言語の形式とその意味に注意する機会を提供すると<u>言うことも可能である</u>。

③-2　<u>しかしながら</u>，この研究は遅延テストを<u>行っていないので</u>，

③-3　将来の研究として，方略トレーニングが学習者の発話能力に与える長期間の影響を<u>検証すべきである</u>。

3 ❖ 結論の章の書き方

　研究者によっては論文の最後の章を，ディスカッションと結論をまとめて Discussion and Conclusion とします。また論文によっては，結論の章を独立して書く場合があります。その際は，結果とディスカッションの章を一緒にして，Results and Discussion とし，最後に Conclusion を書きます。いずれにせよ，これらの書き方は，ここまで示した章の内容と大きくは違いません。もし，結論の章を独立させて書きたい場合は，ディスカッションのムーヴ③を結論とするとよいでしょう。

4 ❖ ディスカッションのテンプレート

最後に，ディスカッションの章を書くのに役立つテンプレートを図 21-1 に記載します。ただしテンプレートは一例に過ぎません。この章で示した他の例文なども参考にして活用してください。

図 21-1　ディスカッションのテンプレート

ムーヴ①　研究成果のまとめ

①-1　The aim of this article was to assess ＿＿＿＿＿＿＿＿＿＿
＿＿＿＿＿＿＿＿＿＿＿＿＿＿＿. 研究の目的を記入

①-2　＿＿＿＿＿＿＿＿＿＿＿＿＿＿＿ analysis was used to determine
　　　分析方法を記入
＿＿＿＿＿＿＿＿＿＿＿＿＿＿＿. 分析の対象

①-3　This article clearly demonstrates ＿＿＿＿＿＿＿＿＿＿＿.
　　　　　　　　　　　　　　　　結果の強調するポイント

ムーヴ②　これまでの研究と関連した新たな示唆

②-1　The result of this study is consistent with ＿＿＿＿＿＿.
　　　　　　　　　　　　　　　　　　先行研究を記入

②-2　Our findings address several gaps in the previous research by providing ＿＿＿＿＿＿＿＿＿＿＿＿＿＿＿＿＿＿＿＿.
　　　　　新規の発見

②-3　Contrary to expectations, ＿＿＿＿＿ was not found in this study.
　　　　　　　　　　　証明できなかった仮説など
One possible reason for this is that ＿＿＿＿＿＿＿＿＿.
　　　　　　　　　　　　　うまくいかなかった理由

ムーヴ③　理論的示唆と新たな研究課題の提示

③-1　Finally the current study suggests that ＿＿＿＿＿＿＿
＿＿＿＿＿＿＿＿＿＿＿＿＿. 新たな理論の提示

③-2　Our results should be interpreted within the context of several limitations. ＿＿＿＿＿＿＿＿＿＿＿＿＿＿＿＿＿.
　　　　　限界や問題点を記載

③-3　Future research should investigate ＿＿＿＿＿＿＿＿.
　　　　　　　　　　　　　　将来の研究の提案

練習問題

1. 次のパラグラフはどのようなムーヴで構成されているか。またそのムーヴの特徴的な表現を抜き出しなさい。

(1) To conclude, our discoveries set the stage for approaches to the treatment of animal cancers. However, it is not possible to extrapolate from our results to their potential role in human disease. Such limitations of our work invite future research.

(2) Finally, the present study demonstrates the effectiveness of a new sequencing method which could be useful for examining mouse tissues. However, it is not possible to extrapolate from our results to their potential role in human disease. Therefore, different approaches will be necessary to investigate the contribution of such sequencing methods to common disease.

2. 次のディスカッションの章を3つのムーヴに分けなさい。またそのムーヴの特徴的な表現に下線を引きなさい。

The current study has explored the relationship between the meeting environment and performance evaluation in business firms. The results of the factor analyses of our questionnaire support James's (2006) hypothesis that attribution under distributed conditions is affected by limited situational information. In particular, this research provides empirical evidence for the effect of audience on rating quality. We have proposed a new theory about how accountability in the performance evaluation environment may influence rating quality. Our findings could also apply to job interviews. However, we did not examine the effect of familiarity and culture on the assessment. Future theorizing and research should explore such matters.

22章 アブストラクトの書き方

この章で学ぶこと
- 査読者や読者に研究の内容を正確に伝える
- 研究論文の内容へ興味を持たせる

　論文の要旨であるアブストラクト（abstract）は，編集者や査読者にとって重要な箇所です。12章で述べたように，ここで査読すべきかある程度判断されます。一般の読者も，多くの論文の中から，アブストラクトの内容によって読むかどうかを決めます。アブストラクトは，論文の本文を仕上げた後に書くべきです。この章は論文の各章のまとめで，全体と関連性を持たせる必要があるためです。一番単純な方法としては，論文の各章を一文で要約し，アブストラクトにパラグラフとしてまとめます。いずれにせよ，読者がすぐに内容を把握できるように書く必要があります。

1 ❖ アブストラクトの特徴

　アブストラクトは，論文採択に大きな影響を与えるため，その書き方に関してこれまで様々な研究が行われてきました。主要なポイントを端的に記し，内容を凝縮し，客観性を持たせることが重要です。研究分野により多少異なりますが，一般に長さは4〜10文，ワード数100〜150語が適切とされています。特に客観的に書き，研究で証明した事実に基づく報告や実験結果，および示唆を述べます。個人的な見解や意見は含めません。また，否定形，複文を避け，節より句が好まれ，略語などは使われません。

ポイント
- アブストラクトは主要なポイントを短く，凝縮し，客観的に書く。
- 4〜10文で，ワード数は100〜150語を目安に。

2 ❖ アブストラクトでよく使われる語句

アブストラクトでは，研究内容を短く伝えるという明確な目的に合う特徴的な表現が使われます。研究論文の他の章のコーパスと比較した Keyword 分析結果で特徴語として抽出されたものが表 22-1 です。

表 22-1　アブストラクトの特徴語と使用回数

特徴語	アブストラクトの使用回数
we	121
results	49
article	31
show	24
here	24
suggest	18

$p < 0.0001$ で有意

　ここの特徴は，特定の表現が頻繁に使われることです。これは，研究成果を短く正確に報告することが目的なので，定型表現が多くなるからです。これまでの研究では，時制は過去形が多く使われ，受動態が多く，人称代名詞は 3 人称で表されることが多いとされています。

　次の 22-1 のように成果をまとめる時，We で始めることが多くなります。また，該当する論文の示す内容を明らかにする際に，22-2 のように This article shows で始めます。同様に結果が示唆することを述べる場合に，例 22-3 で示す Results suggest that がよく使われます。

22-1　We find that it is not significantly different from zero.
　　　（我々はそれがゼロの状態とは有意に差がないことを見つけている。）
22-2　This article shows the effects of form and function on second language acquisition.
　　　（この論文は形式と機能が第二言語の習得に与える影響を示している。）
22-3　Results suggest that there may be a slight learning advantage in the semantically unrelated condition.
　　　（結果は，意味的に関係のない場合も，学習優位さが少しあるかもしれないと示唆している。）

3 ❖ アブストラクトのムーヴ

　論文の要旨であるアブストラクトは，先行研究でほぼムーヴの分析が確立しています。一般に以下のような4つのムーヴで構成されています。

ムーヴ①：イントロダクション
ムーヴ②：メソッド
ムーヴ③：結果
ムーヴ④：結論

　これを見ればわかるように，論文の全体をまとめたものがアブストラクトとなります。前述のように，最も少ないものでも4文で書くというのは，論文の各章を最低1文にまとめて報告する必要があるからです。しかし，全てのムーヴを含まないアブストラクトもあります。たとえば自然科学の分野などでは，ムーヴ①のイントロダクションが省略されることもあります。この分野は，1つの論文で多くの結果を報告することもあり，ムーヴ③の結果が長くなる傾向があります。また，論文によっては，アブストラクトは，結果の報告で終わり，ムーヴ④の結論を書かない場合もあります。

3-1　ムーヴ①：イントロダクション

　このムーヴは，大きく分けると2つの目的があります。1つは研究の目的を記述するもので，もう1つは研究の課題を提示するものです。

(1) 研究の目的を記述するムーヴ

　ここは，現在形を使い能動態で書くことが多くなります。書き出しは**22-4**のようなThis articleや次ページの**22-5**のようなWeが代表的です。

22-4　This article reports on a study that analyzed life history accounts of language learning.
　　　（この論文は，言語学習の生涯の履歴に関する分析の研究報告である。）

　This articleは，論文コーパスのアブストラクト全体で29回あり，そのうち15回がムーヴ①の書き出しで使われていました。これはアブストラクトの代表的な表現ということになります。

また，This article 後の動詞は，reports 以外に argues, shows, examines, presents などが使われます。22-5 では，論文が提示しようとしている内容を，1 文目に We show という書き出しで示しています。We の後には，report, propose, introduce, use などの動詞が使われ，論文の報告内容や，研究の手法が記述されます。

22-5 We show that stratospheric water vapor acted to slow the rate of increase in the global surface temperature over 2000-2009.
（成層圏の水蒸気変化が，2000 年から 2009 年にかけての地球表面の温度上昇を弱めたことを我々は示す。）

(2) 研究の課題から始めるムーヴ

　この場合は単刀直入に，研究のニッチを示し，論文が先行研究の課題に対していかに対処したかを書きます。まず既存の問題点から指摘するので，読者の注意を喚起することができます。22-6 では，先行研究の実験計画に実用性がなく，それを該当の論文で改善することを示しています。

　22-7 の例では，研究成果を新しい課題へ応用する検証が，最近まで行われていないことを指摘しています。

22-6 When evaluating organizational outcomes, strong experimental designs are often not practical.
（企業業績を評価する際，強固な実験デザインはしばしば実用性がない。）

22-7 Although electro-kinetic effects are not new, only recently have they been investigated for possible use in energy conversion devices.
（電子運動の成果は新しいものではないが，エネルギー変換装置における使用の可能性が調査されたのはごく最近である。）

　以上のように，ムーヴ①のイントロダクションは，論文の目的を明確にし，先行研究のニッチを示し，課題を解決することを効果的に伝えます。

> **ポイント** 最初の文は，研究目的または研究課題のニッチを書く。

3-2　ムーヴ②：メソッド

　アブストラクトでイントロダクションを書いた後，研究の目的を達成す

るために，どのような検証方法を活用したのか明確にします。頻度の高い動詞は use, analyze, investigate などです。

　ここは，できるだけ簡潔に短く書くことが必要で，そのために受動態が多く使われます。検証を実施したのは，執筆者であることは自明なので省略できます。例 **22-8** のように，受動態を使えば，研究手法が客観的な方法であることも表現できます。また，受動態と共に，実験の手法が過去の事実として，過去形で述べられることも多くなります。**22-9** でも過去形が使われ，受動態を伴う簡潔な表現となっています。

22-8 The simulation and experimental conditions were designed to correspond as closely as possible.
（シミュレーションと実験条件は，できるだけ呼応するように計画された。）

22-9 The sessions were transcribed and then coded and analyzed.
（そのセッションは，文章化され，コード付けされて分析された。）

　一方，社会科学系では，研究手法も **22-10** のように現在形で表現するのを好む傾向があります。これは，論文内容がより新しい内容で，現状を反映しているニュアンスを示唆できるからです。また **22-11** のように，無生物主語の実験手法で文を始め，能動態を使うと文が簡潔になります。

22-10 The agency-based perspective is used to complement word-of-mouth communication approaches.
（企業体に基づく見通しが口コミによるコミュニケーション・アプローチの補完に使われる。）

22-11 The method involves the recursive implementation of a right-side unit root test.
（その手法は右側の単位根検定の再帰的実行を伴っている。）

　研究手法を能動態で表現する際は we を使うことも多くなります。これは，執筆者が複数の場合に見られます。**22-12** は現在形が使われており，**22-13** では過去形が使われています。一般に自然科学の分野は，執筆者が複数いるため **22-13** のように動作の主体を We で表すことが多くなります。
　実験を行ったのは過去なので，動詞は過去形の使用が一般的ですが，研究分野によっては，新規性を表すため現在形で報告する場合もあります。

22-12 <u>We analyze</u> the amount of the target languages produced by a small sample of university students.
（少人数の大学生サンプルが産出した目標言語を<u>我々は分析する</u>。）

22-13 <u>We investigated</u> diversity by completing the genome sequences for these serotypes.
（これら血清型ゲノム配列を完成させることで多様さを<u>我々は調査した</u>。）

> ポイント
> ・受動態や無生物主語を使いメソッドを簡潔に書く。
> ・複数の執筆者の場合，We で始めることもある。

3-3　ムーヴ③：結果

　アブストラクトでは，研究成果を示すこのムーヴが最も重要です。該当コーパスでは全ての論文に含まれていました。自然科学では，多くの結果を示すため，このムーヴが長くなります。特にレベルの高いジャーナルは，十分な研究準備と実験，および正確な分析を集積したものでないと受理されるのが困難です。このため，複数の実験結果をアブストラクトの中で報告する傾向もあります。

　研究分野によっては，現在形が使われる傾向が強いのは，結果報告の即効性，最新性が重要となるからです。また，特定の語彙が使われ，書き出しは一定の形式が多く使われます。たとえば find, show, reveal, result などがよく活用されます。

　22-14 では，We find で始め，ここから発見した内容を報告することが明確です。**22-15** は Results reveal で書き出すことで，結果により明らかになった内容の記述を明示しています。このように，結果を主語にすれば，能動態で字数を少なくすることも可能です。

22-14 <u>We find</u> some variation in risk attitudes over time.
（時間と共にリスクへの態度にいくつかの多様さを<u>見つけている</u>。）

22-15 <u>Results reveal that</u> audience characteristics influence rating quality.
（結果は，聴衆の特徴が評価の質に影響を与えることを<u>明らかにしている</u>。）

次の例 **22-16** では，過去形で受動態が使われ，実験の結果で見つかったことを報告しています。このように分野によって，結果は論文を執筆する前の過去の事象として表されます。また，受動態で行為の主体である研究者の存在を曖昧にし，研究に客観性をもたせる効果もあります。

22-16 Cognates were found to facilitate the acquisition of L2 words.
（同語源語が第二言語の習得を促進することが発見された。）

● メソッドと結果をまとめる表現

アブストラクトはできるだけ簡潔に書く必要があります。このためムーヴ②と③をまとめて，一文に書く場合があります。この時に役に立つのが Using で，特定の手段を使って，という表現です。**22-17** では，Using で始め，研究手法を記述し，後半に結果を示しています。これは，メソッドと結果を1つの文にまとめ短く表現したものです。自然科学などで，1つの論文で多くの結果を報告する際に便利な表現です。

22-17 Using an intravascular procedure to identify emigrating cells, we discovered that mature thymocytes leave via blood vessels at the cortico-medullary junction.
（遊離した細胞を確認するために血管内処置を使い，胸腺細胞が皮髄境界部の血管を通って出ていくのを見つけた。）

3-4　ムーヴ④：結論

前述のように，研究分野によっては，このムーヴを省略する場合があります。ここでは，結果から導かれる示唆を述べるので筆者の主張も含まれます。研究の問題点や，さらなる課題を記述することもあります。結論を示す以下のような動詞が多く使われます。

suggest, indicate, conclude

査読者に対して，結論は注意深く述べる必要があるため，suggest や indicate というヘッジ表現が使われます。また，conclude を使う場合は，法助動詞を活用しヘッジを行う必要があります。**22-18** では Our results という無生物主語で始め，indicate を使い結果が示唆する内容を報告して

います。例 **22-19** は The findings を主語にした成果を示す内容の記述です。**22-20** は concludes を使い，明確に論文の結論であることを伝えています。法助動詞 can のヘッジで可能性であるとして主張を防御しています。

22-18 <u>Our results indicate that</u> repopulation of the lung matrix is a practical strategy for lung regeneration.
（肺基質の再生は，肺の再活性に実行可能な方略であることを<u>示唆する</u>。）

22-19 <u>The findings suggest that</u> more managerial ownership reduces innovation spending.
（結果は，より多くの経営所有は革新への支出を下げることを<u>示唆する</u>。）

22-20 <u>The article concludes that</u> the initial strategic learning of word order <u>can be explained</u> in terms of sequence learning.
（初期の語順の方略的学習は，順序だった学習という観点から<u>説明できる</u>ことを<u>論文で結論としている</u>。）

アブストラクトの最後の文は，読者に研究の明確な成果を伝えるための特定の表現が使われます。編集者や査読者に読む価値をアピールします。

4 ✧ アブストラクトのムーヴのまとめ

アブストラクトの構成とよく使われる表現をまとめてみましょう。

ムーヴ①：イントロダクション
 1. 論文の目的
    This article reports, argues, shows, presents ...　この論文は…
    We propose, report, use, introduce　　　　　　　我々は…
 2. 研究の課題
    Although ..., ... have been ...., However ...　だけれども

ムーヴ②：メソッド
  • We use, analyze, investigate, examine ...　我々は…
  • ... is (are, was, were) used, analyzed, investigated, examined

ムーヴ③：結果
  • We find, found ...　　　　　我々は発見している，発見した

- Results reveal, show ...　結果は明らかにする，示す

ムーヴ④：結論
- The findings / Our results suggest, indicate　その結果は示唆する
- The article concludes　　　　　　　　　　　論文は結論づける

5 ❖ アブストラクトのムーヴの具体例

代表的なアブストラクトのムーヴを試訳を参考に具体例で確認しましょう。

アブストラクト	ムーヴ
This article examines current patterns of communication strategy (CS) use, and which CS use can lead to improvements in oral communication ability in a 12-week strategy training course in English (n=70).	①イントロダクション
The effects of the training are assessed by the participants' pre- and post-course oral communication test scores and transcription data from the tests.	②メソッド
The findings reveal that participants in the strategy training significantly improved their oral proficiency test scores.	③結果
The results of the transcription data analyses indicate that the participants' success was partly due to the use of specific CSs, such as maintenance of fluency and negotiation of meaning, to solve interactional difficulties.	④結論

［試訳］
① この論文は，コミュニケーション方略のパターンと，どのCSを使えば12週間の英語ストラテジーのトレーニングコースで発話力を向上できるか調査する（参加者は70人）。
② そのトレーニングの効果は，参加者の事前および事後テストの成績と，そのテストのトランスクリプトで評価される。

③結果としてストラテジー・トレーニングへの参加者は，発話テストで有意に成績が上がっている。
④トランスクリプトの分析の結果は，対話の流暢さを維持したり対話の困難を解決しようとする意味交渉といった，特定の CS を使うことが，参加者が成功した要因の一部という示唆を与えている。

6 ❖ アブストラクトに役立つテンプレート

この章で紹介した各ムーヴにおける特定の表現を使っていますので，適宜，下線部を埋めてください。

図22-1　アブストラクトのテンプレート

```
ムーヴ①　イントロダクション
  1) 論文の目的
  This article presents (examines) ＿＿＿＿＿＿＿＿＿＿＿＿＿.
                          目的を記述
  または
  2) 先行研究の課題
  Although ＿＿＿＿＿＿＿＿＿＿＿, ＿＿＿＿＿＿＿＿＿＿＿.
                          ニッチを記載
ムーヴ②　メソッド
  We use (analyze) ＿＿＿＿＿＿＿＿＿＿＿＿＿＿＿＿＿＿.
                  検証方法を記述
ムーヴ③　結果
  We find ＿＿＿＿＿＿＿＿＿＿＿＿＿＿＿＿＿＿＿＿＿.
ムーヴ④　結論
  The findings suggest ＿＿＿＿＿＿＿＿＿＿＿＿＿＿＿＿.
```

練習問題1

次の各文は，アブストラクトのどのムーヴか判定しなさい。また，そのムーヴの特徴的な表現を抜き出しなさい。

(1) Thus, it cannot be concluded that poorer incomes grow proportionately to increases in the average income.
(2) We show that, for six pulsars, the timing noise is correlated with changes in the pulse shape.
(3) Although the development of graduate programs in foreign language is of critical importance, discussion of its significance was all but absent.
(4) We use field experiments to investigate the stability of risk preferences.
(5) This article argues the findings that presenting semantically related vocabulary simultaneously discourages learning.

練習問題2

次の各文を並べ替え，アブストラクトを完成しなさい。また各ムーヴの特徴的な表現を抜き出しなさい。

(1) The results indicate that corporate governance literature should be refined through the neo-institutional perspective.
(2) The article examines the corporate governance ratings in 20 countries to see what the country-level predictors of corporate governance legitimacy might be.
(3) Using neo-institutional theory, we found that the level of global competitiveness could be a significant indicator for higher corporate governance legitimacy within a nation.

参考文献

American National Standards for Writing Abstracts (1979) New York: American Standards Institute.

Biber, D. (2006) *University Language: A Corpus-based Study of Spoken and Written Registers.* Amsterdam: John Benjamins.

Biber, D., Conrad, S., and Leech, G. (1999) *Grammar of Spoken and Written English.* Harlow: Pearson Educated Limited.

Burrough-Boenisch, J. (2003) " Examining Present Tense Conventions in Scientific Writing in the Light of Reactions to Three Dutch-authored Discussions." *English for Specific Purposes,* 22, 5–24.

Charles, M. (2006a) " Phraseological Patterns in Reporting Clauses Used in Citation: A Corpus-based Study of Theses in Two Disciplines." *English for Specific Purposes,* 25, 310–331.

Charles, M. (2006b) "The Construction of Stance in Reporting Clauses: A Crossdisciplinary Study of Theses." *Applied Linguistics,* 27, 492–518.

Clark, H. H., and Haviland, S. E. (1977) "Comprehension and the Given-New Contract." In R. O. Freed (Ed.) , *Discourse Processes: Advances in Research and Theory: Vol. 1.* Norwood: Ablex, pp.1–40.

Comrie, B. (1985) *Tense.* New York: Cambridge University Press.

Connor, U. and Upton, T. A. (Eds.) (2004) *Discourse in the Professions: Perspectives from Corpus Linguistics.* Amsterdam: John Benjamins.

Del Saz Rubio, M. M. (2011) "A Pragmatic Approach to the Macro-structure and Metadiscoursal Features of Research Article Introductions in the Field of Agricultural Sciences." *English for Specific Purposes,* 30, 258–271.

Dudley-Evans, T. (1994) "Genre Analysis: An Approach to Text Analysis in ESP." In M. Coulthard (Ed.), *Advances in Written Text Analysis.* London: Routledge, pp.219–228.

Graetz, N. (1985) "Teaching EFL Students to Extract Structural Information from Abstracts." In J. Ulijn & Pugh, A. (Eds.), *Reading for Professional Purposes.* Leuven: ACCO., pp.123–135.

Granger, S., and Paquou, M. (2009) " Lexical Verbs in Academic Discourse: A

Corpus-driven Study of Learner Use." In. Chales, M., D. Pecorai & S. Hunston, (Eds.), *Academic Writing: At the Interface of Corpus and Discourse*, New York: Continuum, pp.193-214.

Gosden, H. (1993) "Discourse Functions of Subject in Scientific Research Articles." *Applied Linguistics*, 14 : 56-75.

Halliday, M. A. K. (2004) *The Language of Science*. New York: Continuum.

Halliday, M. A. K., and Hasan, R. (1976) *Cohesion in English*. London: Longman.

Holmes, R. (1997) "Genre Analysis, and the Social Sciences: An Investigation of the Structure of Research Article Discussion Sections In Three Disciplines." *English for Specific Purposes*, 16, 321-337.

Hyland, K. (1999) "Academic Attribution: Citation and the Construction of Disciplinary Knowledge." *Applied Linguistics*, 20, 341-267.

Hyland, K. (2004) *Disciplinary Discourse*. Michigan: The University of Michigan Press.

Hyland, K. (2005) *Metadiscourse*. London: Continuum.

Hyland, K. and Tse, P. (2004) "Hooking the Reader: A Corpus Study of Evaluative That in Abstracts." *English for Specific Purposes*, 24, 123-139.

Jordan, R. R. (1997) *English for Academic Purposes*. Cambridge: Cambridge University Press.

柏野健次 (2002)『英語助動詞の語法』研究社.

Kopple, V. W. J. (1986) "Given and New Information and Some Aspects of the Structures, Semantics, and Pragmatics of Written Texts." In Cooper, C. R., & Greenbaum, S. (Eds.), *Studying Writing: Linguistic Approaches*. London: Sage Publications, pp.72-111.

Koutsantoni, D. (2004) "Attitude, Certainty and Allusions to Common Knowledge in Scientific Research Articles." *Journal of English for Academic Purposes*, 3, 163–182.

Malcolm, L. (1987) "What Rules Govern Tense Usage in Scientific Articles?" *English for Specific Purposes*, 6, 31-44.

Martin P. (2003) "A Genre Analysis of English and Spanish Research Paper Abstracts in Experimental Social Sciences." *English for Specific Purposes*, 22, 25-43.

McCarthy, M. (1991) *Discourse Analysis for Language Teachers*. New York: Cambridge University Press.

McGrath, L. and Kuteeva, M. (2012) "Stance and Engagement in Pure Mathematics Research Articles: Linking Discourse Features to Disciplinary Practices." *English for Specific Purposes,* 31, 161–173.

Moris, J. G., and Hirst, G. (1991) "Lexical Cohesion Computed by Thesaural Relations as an Indicator of the Structure of Text." *Association for Computational Linguistics,* 17, 21-48.

Moore, N. A. J. (2006) "Aligning Theme and Information Structure to Improve the Readability of Technical Writing." *Technical Writing and Communication,* 36, 43-55.

Nakatani, Y. (2005) "The Effects of Awareness-raising Training on Oral Communication Strategy Use." *The Modern Language Journal,* 89, 76-91.

Nakatani, Y. (2006) "Developing an Oral Communication Strategy Inventory". *The Modern Language Journal,* 90, 151-168.

Nakatani, Y. (2010) "Identifying Strategies That Facilitate EFL Learners' Oral Communication: A Classroom Study Using Multiple Data Collection Procedures". *The Modern Language Journal,* 94, 116–136.

中谷安男（2012a）「アカデミック・ライティングにおけるディスコース・ストラテジー」『法政大学多摩論集』第28号：27-43．

中谷安男（2012b）「アカデミック・ライティングにおける研究者のスタンス：研究論文のIntroductionにおける伝達動詞の時制の検証」『英語コーパス研究』第19号：15-29．

中谷安男（2013）「アカデミック・ライティングにおけるModal Verb使用の検証－学術論文のIntroductionとConclusionの比較」『英語コーパス研究』第20号：1-14．

中谷安男（2015）「社会科学，自然科学，人文科学分野の国際ジャーナルにおける効果的なアカデミック・ライティングの検証」『経済志林』第83巻1号：39-59．

中谷安男・清水　眞（2010）「アカデミックコーパスのディスコース・ストラテジーの初期的検証：物理化学論文のAbstractにおけるMove分析」『英語コーパス研究』第17号：17-32．

中谷安男・土方裕子・清水　眞（2011）「アカデミックコーパスにおけるCoherence構築のストラテジー：ScienceのDiscussionにおけるInformation Orderの検証」『英語コーパス研究』第18号：1-16．

日本物理学会編（2000）『科学英語論文の全て　第2版』丸善株式会社

Nunan, D. (1992) *Research Methods in Language Learning.* New York: CUP.

Nwogu, K. N. (1997) "The Medical Research Paper: Structure and Function." *English for Specific Purposes*, 16-2, 119-138.

Oshima, A. and Hogue, A. (2006) *Academic Writing*. New York: Pearson Longman.

Quirk, R. and Greenbaum, S. (1990) *A Student Grammar of the English Language*. Harlow: Longman.

Salager-Meyer, F. (1992) "A Text-type and Move Analysis Study of Verb Tense and Modality Distribution in Medical English Abstracts." *English for Specific Purposes*, 11, 93-113.

Shaw, P. (1992) "Reasons for the Correlation of Voice, Tense, and Sentence Function in Reporting Verbs." *Applied Linguistics*, 13, 302-319.

Swales, J. M. (1990) *Genre Analysis*. New York: Cambridge University Press.

Swales, J. M., and Feak, C.B. (2001) *Academic Writing for Graduate Students*. Michigan: The University of Michigan Press.

Swales, J. M. (2004) *Research Genre*. New York: Cambridge University Press.

田地野　彰・寺内　一・金丸敏幸・マスワナ紗矢子・山田　浩（2007）「英語学術論文執筆のための教材開発に向けて：論文コーパスの構築と応用」『京都大学高等教育研究』第14号：111-121.

寺内正典, 中谷安男（編）（2012）『英語教育学の実証的研究法入門―Excelで学ぶ統計処理』研究社.

Thompson, G., and Ye, Y. (1991) "Evaluation in the Reporting Verbs Used in Academic Papers." *Applied Linguistics*, 12, 365–382.

Thomas, S., and Hawes, T. P. (1994) "Reporting Verbs in Medical Journal Articles." *English for Specific Purposes*, 13, 129-148.

van Dijk, T. A., and Kintsch, W. (1983) *Strategies of Discourse Comprehension*. New York: Academic Press.

Vartala, T. (1999) "Remarks on the Communicative Functions of Hedging in Popular Scientific and Specialist Research Articles on Medicine." *English for Specific Purposes,* 18, 177-200.

Weissberg, R. C. (1984) "Given and New: Paragraph Development Models from Scientific English." *TESOL Quarterly,* 18, 485-500.

Williams, J. M. (1994) *Style: Ten Lessons in Clarity and Grace*. New York: Harper.

索引

欧文
Accept（掲載受理） 113
IELTS 8, 84, 88, 97, 98
IMRD 115
Major Revision（大きな変更） 113
Minor Revision（少しの修正） 113
Reject（却下） 113
TOEFL 8, 84, 88, 97, 98

あ
相手の面目 72
アブストラクト 115, 118, 203
意見を述べるパラグラフ 82
一般 82, 140
一般語 40
因果的 50, 55
イントロダクション 96, 116, 118, 120, 141, 146
インパクト・ファクター 106
引用文献 117, 118
エンドウェイト 18
エンドフォーカス 17, 25
同じ分野のメンバー 8

か
下位語 40
過去時制 61, 126, 134
加算名詞 37
課題の提示 194
学会誌 104
可能性・確信度のヘッジ 77
冠詞 37
キーワード 116, 118
基準関連妥当性 156
既知情報 16, 19, 33, 42
客観性 11
紀要 104
共有する知識 35
議論の弱点の認識 11
議論の防御 74
際立ち 43, 52
近似詞 74
具体例 83
句と節の配置 27
句の配置の変換 27
結果（リザルト） 116, 118, 173, 208
結果の示唆 145
結束性 33
結論 50, 96, 117, 118, 200, 209
結論文 89
研究仮説 116
研究の再現 116
研究の新規性 131
研究のニッチを確立 132
研究の背景 116, 118
研究分野のジャンル 141

現在完了時制 62, 126, 134
現在時制 61, 125, 134
検証の対象物 158
限定詞 37
語彙的結束 38
語彙の使用頻度 12
考察（ディスカッション） 117, 118, 184, 198
構成概念妥当性 156
後方照応 35
コーパス分析 4, 17
コロケーション 12
コントロール概念 83

さ
採点者間の信頼性 154
採点者内の信頼性 154
査読者 104, 109
サポート文 83, 94
シールド 75
時間的 49, 54
時間的な距離 61
示唆 117, 178, 189
指示代名詞 34
時制 61, 125, 134
実験対象のグループ 153
実験や調査手順 158
実証的研究論文 105
ジャーナル採択のフローチャート 107
謝辞（Acknowledgment） 115, 117, 118

収集データの分析方法
　158
従属変数　153
主体　23
受動態　23
首尾一貫性　7, 15
上位語　39
証拠　9
情報の受け手の分析　7
シラブル　18
新規情報　16
信頼性　152
スタンス　56, 61, 64
節の配置の変換　28
先行研究の引用方法　123
前方照応　35

た
対象物　23
タイトル　115, 118
タスクの信頼性　154
妥当性　152
断定表現　78
注意の喚起　52, 58
定冠詞　35
ディスカッションの特徴
　語　184
ディスコース・ストラテジー
　4
ディスコース・マーカー
　45
テーマ　15
伝達動詞　62
統一性　5
統御　153

同語　38
統合引用　123
動作主　23
読者中心　4
特定　82, 140
独立変数　153
トピック　16
トピックセンテンス　19,
　30, 43, 82

な
内容的妥当性　155
ニッチ　132, 136, 137
人称代名詞　33
認知言語学　43

は
派生語　39
パラグラフ　5
パラグラフのムーヴ　82
反意的　46, 52, 133
ピアレビュー　108
比較語　33
比較対照のパラグラフ　92
被験者　153, 158
筆者の態度・コメント　52,
　56
非統合引用　123
評価基準　154
評価項目　112
評価法の信頼性　154
ピリオド　18
頻度　43
ブースター　72, 78, 127
フォーカス　16, 24

不加算名詞　37
付加的　48, 53
付表　115, 117
文章に流れがあること　5
文法的結束　33
ヘッジ　11, 72, 135, 179
編集者　104, 107
変数　152
法助動詞　11, 77
ボディ　96, 99

ま
見た目の妥当性　155
ムーヴ　82, 92, 121, 131,
　139, 141, 174, 186, 205
メソッド　116, 118, 151,
　158, 166, 207
メタディスコース　6, 43,
　45, 52, 179
問題解決のパラグラフ
　82, 89

ら・わ
リーム　15, 82
リサーチ・クエスチョン
　116
理論構築、方法論の論文
　105
理論的示唆　194
類義語　39
レビュー論文　105
ロジック　84
論文の構成　145
論文のレビュー　116
話題展開の視点　83

［著者紹介］

中谷　安男（なかたに　やすお）
法政大学経済学部教授，慶應大学経済学部卒業。米国ジョージタウン大学大学院 TESOL 資格，豪州マッコーリー大学大学院応用言語学修士，英国バーミンガム大学大学院英語応用言語学博士，英国オックスフォード大学大学院客員研究員，以下，査読員：豪州クイーンズランド大学大学院博士課程，ニュージーランド・マッセー大学大学院博士課程, The Modern Language Journal, Language Learning, TESOL Quarterly, Journal of Pragmatics, System, Studies in Second Language Acquisition, International Journal of Business Communication
主な編著に，『オーラル・コミュニケーション・ストラテジー研究』（開文社出版，2005 年）Improving Oral Proficiency through Strategy Training (Lap Lambert Academic Publishing, 2010), Language Learner Strategies: 30 years of Research and Practice. (Oxford University Press, 2007 年，共著）『英語教育学の実証的研究入門』（研究社，2012 年，共著共編）他多数。

［英文校閲］
コンラド・ビューシス（愛知大学非常勤講師）

大学生のためのアカデミック英文ライティング
——検定試験対策から英文論文執筆まで
©Nakatani Yasuo, 2016　　　　　　　　　　NDC 836／iv, 219p／21cm

初版第1刷——2016 年 5 月 20 日
　　第5刷——2021 年 12 月 1 日

著者————中谷安男
発行者———鈴木一行
発行所———株式会社 大修館書店
　　　　　〒113-8541 東京都文京区湯島2－1－1
　　　　　電話 03-3868-2651（販売部）03-3868-2294（編集部）
　　　　　振替 00190-7-40504
　　　　　［出版情報］https://www.taishukan.co.jp

装丁者————CCK
印刷所————広研印刷
製本所————牧製本印刷

ISBN 978-4-469-24602-5 Printed in Japan

Ⓡ本書のコピー，スキャン，デジタル化等の無断複製は著作権法上での例外を除き禁じられています。本書を代行業者等の第三者に依頼してスキャンやデジタル化することは，たとえ個人や家庭内での利用であっても著作権法上認められておりません。